내 평생 가장 기쁜 날

사59:21

<격대교육 주제곡>

김홍도 작사
손민영 작곡

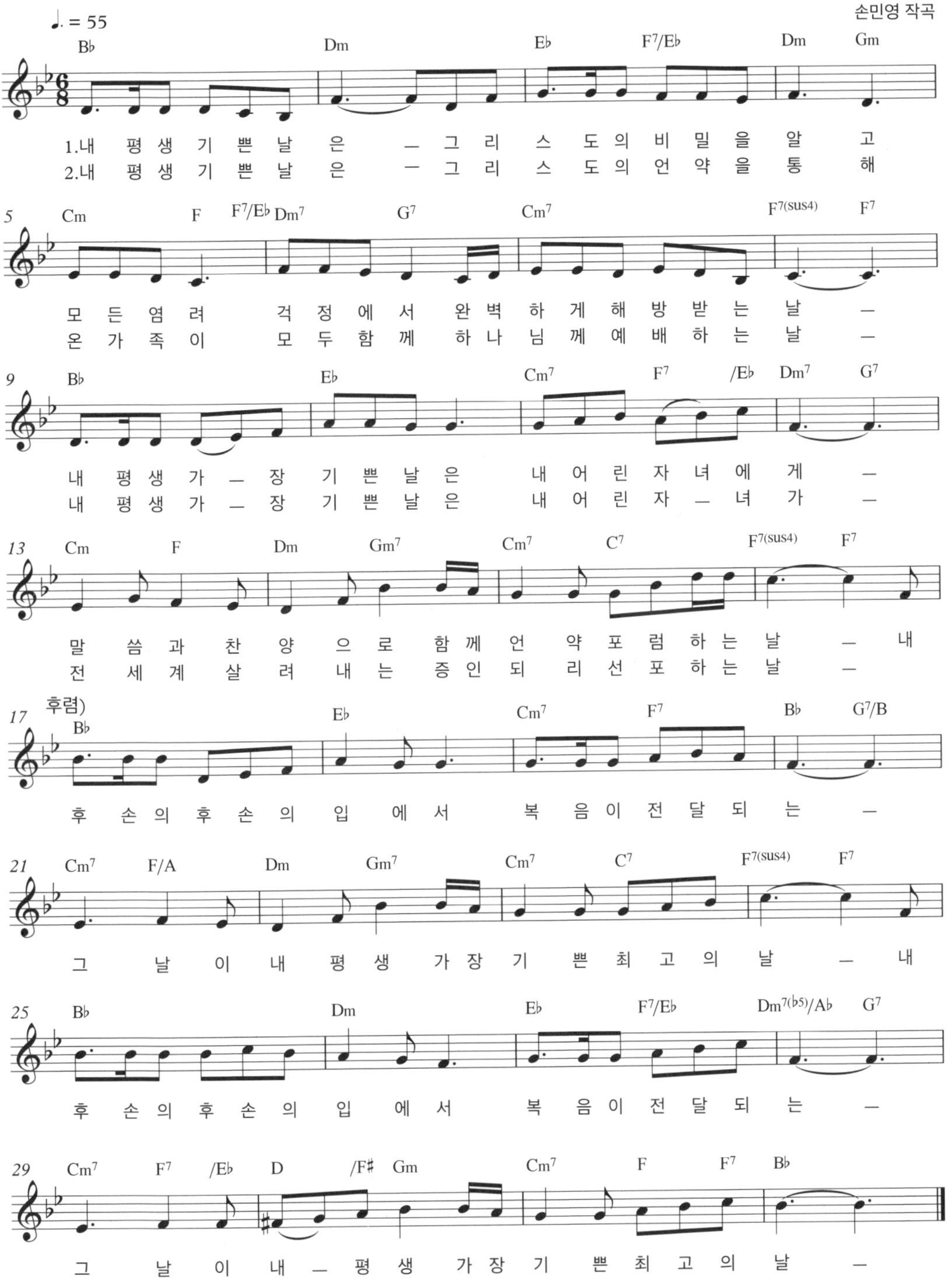

왕을 키우는 격대교육

손주는 미래의 왕, 한 분야의 최고 전문가

김홍도 지음

왕을 키우는 격대교육

지은이　김홍도
펴낸이　안지홍
초판 1쇄　2024년 12월 5일
펴낸곳　토브 TOV
편집자　이정란
일러스트　어도비 파이어플라이
출판등록　제2019호-000032호
주소　서울시 강북구 오현로56 111-107
이메일　fevisra@daum.net
ISBN　979-11-91796-11-7(03370)
값 16,800원

왕을 키우는 격대교육

손주는 미래의 왕, 한 분야의 최고 전문가

소중한_____에게 이 책을 드립니다.

김홍도 지음

Tov

contents

저자서문 8
1. 내 인생의 시작은 할머니와 함께 13
2. 옛 틀을 깨고 새 틀을 갖춘 가정 17
3. 진정 성공한 가문이라 할 수 있을까? 21
4. 우리도 행복할 수 있을까 25
5. 진짜 복 있는 사람은 누굴까 30
6. 당신은 어떤 가정을 원하는가 34
7. 아내는 뿌리, 남편은 나무 39
8. 가정에서 언약의 꿈, 학교에 심는 3월 43
9. '디지털 네이티브' 참된 인재로 키우려면 48
10. 제멋대로의 일곱살, 어떻게 키워야 할까 53
11. '오직'의 자세란 58
12. 공감 경청과 대화가 있는 가정 62
13. 어릴 때 읽은 책, 평생을 좌우한다. 67
14. 존중의 가치를 알고 실천하는 아이 72
15. 거짓말하는 아이는 어떻게 해야 할까 77
16. 하나님께 쓰임 받는 인물로 키우려면 81
17. 포럼의 식탁을 시작하는 가정 85
18. 우리 자녀가 무언가를 선택할 때의 기준 89
19. 자식에 대한 부모 편애는 아이에게 상처 93
20. 효도하는 자녀는 만들어질 수 있는가 97
21. 내 아이가 좋은 말을 잘할 수 있게 하려면 102
22. 후대교육에 대한 책임 106
23. 가족 간의 건강한 소통과 올바른 연결 110
24. 부모의 삶이 후대를 좌우한다 115
25. 빼앗긴 들에도 봄은 오는가 119
26. 호기심이 많은 아이, 질문할 수 있도록 124
27. 내 아이가 스트레스를 받지 않으려면 129
28. 엘리압처럼 키우고 있는 것은 아닌가 134
29. 영화 〈미나리〉에 나온 격대교육 139

30. 개성 있고 품위 있는 인격자로 키우려면 143
31. 척박한 땅에서 찬란하게 핀 꽃 148
32. 복음 왕가의 시작은 한 부모로부터 152
33. 후손에게 꼭 남겨야 할 유산이 있다면 156
34. 간절한 기도가 낳은 결과는 161
35. 왕을 키우고 있는 사람들 165
36. 할머니께 금메달 2개를 걸어드린 손자 170
37. 후대가 노벨상을 받을 수 있으려면 175
38. 탄탄한 체력에 지력을 갖추려면 180
39. 후대가 '인력'을 갖출 수 있으려면 185
40. 삶을 윤택하게 만드는 자존감 189
41. 릴리벳과 엘리자베스 2세 여왕 194
42. 나의 왕이시여! 199
43. 아이 양육의 기본 원칙, 밥 짓기 요법 204
44. 귀한 자식 이렇게 가르쳐라 208
45. 손자 사랑에 흠뻑 빠진 할머니 권사 213
46. 복음 예찬과 아름다운 유년 시절 218
47. 영광의 솔로 탈출(SOLO EXODUS) 223
48. 크리스마스가 되면 생각나는 것들 227
49. 후대 교육 플랫폼의 변화 232
50. 일생을 좌우하는 어린시절의 만남 237
51. 손자 둘 너무나 달라 242
52. 편지의 힘 247
축복 1. 딸의 결혼식에 아빠의 축복 기도 253
축복 2. 사무엘의 언약 기도로 낳은 손자 257
편지 3. 손자 '복둥이'에게 보낸 할아버지 편지 262
편지 4. 100일 된 손자에게 보낸 편지 267
편지 5. 며느리에게 보내는 편지 272
편지 6. 태중에 손자 믿음이에게 보내는 편지 277

저자서문

　하나님의 말씀을 언약으로 붙잡은 링컨

　미국의 제16대 대통령 에이브러햄 링컨은 노예 제도를 폐지한 대통령으로 널리 알려져 있다. 어릴 때 어머니로부터 받은 성경이 인생의 나침판이 되었고, 갈라디아서 3장 28절의 말씀을 언약으로 붙잡고 대통령이 되어 노예 해방에 성공했다.

　"너희는 유대인이나 헬라인이나 종이나 자유인이나 남자나 여자나 다 그리스도 예수 안에서 하나이니라."

　하나님의 말씀은 반드시 성취된다는 사실을 입증한 증인이 링컨이다. 인간적인 생각으로는 불가능한 도전이었다. 백인 우월주의가 강한 미국에서 그들의 손발 역할을 하는 흑인 노예를 평등한 인간으로 대우한다는 것은 상상도 할 수 없었다. 영화 〈바람과 함께 사라지다〉에서 보듯이, 남부 지방에 노예가 없으면 목화 농장 경영이 어려웠다. 노예 제도를 지키려는 남부군의 강력한 저항으로 북군이 이기리라는 보장도 없었다. 백악관을 기도실로 만든 링컨은 하나님이 원하시는 일이었기에 반드시 이기리라 확신했고, 마침내 하나님 앞에서 승리의 축배를 들 수 있었다.

99세가 된 아브라함에게 하나님이 언약을 결성한 장면이 창세기 17장 7절과 8절에 나온다.

"내가 내 언약을 나와 너 및 네 대대 후손 사이에 세워서 영원한 언약을 삼고 너와 네 후손의 하나님이 되리라. 내가 너와 네 후손에게 네가 거류하는 이 땅 곧 가나안 온 땅을 주어 영원한 기업이 되게 하고 나는 그들의 하나님이 되리라."

출애굽한 이스라엘 백성들이 모세의 인도로 가나안을 향해 나아갈 때, "가나안 온 땅을 주어 영원한 기업이 되게 하겠다."라는 언약을 놓친 사람들은 모두 광야에서 죽었다. 반면에 이 말씀을 언약으로 붙잡은 사람들이 있는데, 여호수아와 갈렙이다. 모세가 열두 지파에서 한 명씩 뽑아 가나안 땅을 정탐하러 보냈을 때, 열 명은 '가나안 땅에 들어갈 수 없다.'고 했고, 여호수아와 갈렙은 '들어갈 수 있다.'고 했다.

열 명의 정탐꾼은 네피림의 후손인 아낙 자손 거인을 보며 자기들이 스스로 보기에 메뚜기 같다고 했다. 이 말을 들은 이스라엘 온 백성이 소리를 높여 부르짖고, 모세와 아론을 원망하며 밤새도록 통곡했다고 했다. 그들은 모두 광야에서 무덤이 되었다.

여호수아와 갈렙의 보고는 달랐다. "젖과 꿀이 흐르는 땅, 가나안은 하나님이 우리에게 주시기로 한 땅이다. 그 땅 백성을 두려워하지 말라. 그들은 우리의 밥이다. 그들의 보호자는 떠났고 하나님은 우리와 함께 하신다." 이처럼 여호수아와 갈렙은 하나님이 아브라함에게 주신 언약을 100% 믿고 따랐다. 애굽으로 돌아가자고 불평한 출애굽 세대는 광야에서 죽었고, 40여 년 후 여호수아와 갈렙은 가나안 세대를 이끌고 가나안에 입성했다. 아브라함에게 주신 이 언약은 그대로 성취되어, 수천 년이 지난 지금 그 가나안 땅에 아브라함의 후손이 이스라엘 나라를 건립하였다.

요한복음 1장에 하나님은 말씀이고, 말씀이 육신이 되어 오신 분이 예수님이라고 했다. 십자가에서 '다 이루었다.' 하심으로 인간의 근본 문제를 해결하고, 3일 만에 부활하셨다가 승천하여 하나님 우편에 앉으신 분이 예수 그리스도시다. 이 예수님을 구주로 영접하면 하나님의 자녀가 된다. 이것이 기쁜 소식, '복음'이다. 이렇게 예수님을 구주로 영접한 하나님의 자녀가 하나님 말씀을 언약으로 붙잡을 때 말씀이 성취된다. 이들이 언약의 백성이다. 격대교육은 세대를 건너뛰어 할아버지 할머니가 손자 손녀를 가르치는 것을 말한다. 오늘날 맞벌이 부부가 늘어나 격대교육이 요구되는 시대이다. 격대교육 하는 할아버지 할머니가 언약의 백성이 되어, 아브라함에게 주신 창세기 17장 9절의 말씀 "너는 내 언약을 지키고 네 후손도 대대로 지키라"와 이사야 59장 21절의 말씀을 언약으로 붙잡으면 놀라운 역사가 일어날 것이다.

"여호와께서 이르시되 내가 그들과 세운 나의 언약이 이러하니 곧 네 위에 있는 나의 영과 네 입에 둔 나의 말이 이제부터 영원하도록 네 입에서와 네 후손의 입에서와 네 후손의 후손의 입에서 떠나지 아니하리라 하시니라 여호와의 말씀이니라."

격대교육을 통해 앞으로 많은 역사가 일어나겠지만 세 가지를 언급하면 다음과 같다.

첫째, 후대가 올바른 그리스도인의 정체성을 확립하여 세상에 휘둘리지 않는다. 할아버지 할머니를 통해 정확한 복음을 전달받아, 하나님 자녀의 신분과 권세를 누릴 수 있기 때문이다. 이를 위해서 가정에서 예배와 말씀 포럼이 중요하다. 이 예배를 통해 후대는 말씀과 기도, 전도 속에 있게 되고, 정체성이 확립된다.

둘째, 시대를 정복할 수 있다. 2016년 알파고가 4차 산업의 산물로 인공지능 시대를 열었다. 우리 후대는 인공지능 시대에 적응하는 것이 아니라 인공지능 시대를 정복해야 한다. 가정에서 할아버지 할머니가 손자·손녀와 함께 성경과 책을 읽고, 포럼하며, 같이 글을 쓰면 시대를 정복할 수 있다.

셋째, 출산율을 올릴 수 있다. 우리나라가 OECD 국가 중에서 출산율이 가장 낮다. 할아버지와 할머니는 후대의 영성과 인성교육에 최적이다. 양육할 때 부모보다는 좀 더 여유롭다. 조부모가 되는 베이비붐 세대(1955년~1963년)가 격대교육에 동참하면 저출산을 극복하고 나라를 살릴 수 있다.

이 책이 나오기까지 내조해 준 아내와, 글을 읽고 피드백을 해 준 딸과 아들에게 진심으로 감사하다. 이 책을 낼 수 있도록 동기부여를 해 준 친구 경우와 석무한테 고맙고, 격대교육을 시작할 때부터 함께 걸어온 김학연 장로님과 장기영 장로님 등 교회 동역자분들께도 감사를 드린다. 특히 우리 세대의 바통을 이어받아 언약 전달 시스템을 만들고, 이 책이 나오기까지 편집과 발간에 헌신한 사랑하는 젊은 동역자 안지홍 & 이정란 부부에게 감사하다. 진실로 이 책을 펴내게 된 것은 하나님의 은혜기에 하나님께 무한 영광을 올려 드린다.

1. 내 인생의 시작은 할머니와 함께

우리는 대가족이었다. 삼대가 한집에서 살다보니 가족이 십여명이나 되었다. 농촌에서 태어나 내가 처음 만난 분은 할머니였다. 할머니와 나, 누나는 안방에서 함께 지냈다. 아버지 어머니는 옆방에서, 형과 삼촌들은 작은 방과 아래채에서 지냈다. 할아버지는 내가 태어나기 5년 전쯤 돌아가셨다. 산소를 잘못 옮겨 온 가족이 병중에 빠져 큰 재앙이 닥쳐왔고, 할아버지가 모든 액운을 안고 50대 중반 나이에 돌아가셨다. 그 후 나보다 열 살과 여섯 살이 많은 형과 누나만 살아남고, 중간에 세 자녀를 잃은 뒤 내가 태어났다. 당시 남아선호사상이 강할 때인지라, 나의 출생은 온 집안의 경사였다. 혼자가 된 할머니는 나를 키우는 보람으로 살았고, 자연스럽게 격대교육을 받게 되었다.

동네 아줌마들은 나에게 짓궂은 장난을 많이 쳤다. 엄마가 내 엄마가 아니고 쑥떡 장수 아줌마가 내 엄마라고 놀렸다. 할머니한테 어리광 부리지 말라고 엄마가 야단을 치면, 진짜 우리 엄마가 맞는지 헷갈리기도 했다.

온 가족이 농사일로 바빠서 나는 늘 할머니와 함께 놀았다. 할머니는 큰 며느리인 엄마를 비롯하여 그 아래 넷이나 되는 며느리들이 감히 다가갈 수 없는 엄한 분이셨지만, 나한테는 아주 자상했다. 할머니는 친구 집에 놀러 갈 때나 친척 집에 잔치나 행사가 있을 때는 늘 나를 데리고 가셨는데, 그때마다 맛있는 것을 많이 먹었던 기억이 추억으로 남아있다. 할머니는 종종 산이나 들에도 나를 데리고 다니셨는데, 글을 읽지 못했지만, 식물과 동물, 곤충에 이르기까지 할머니가 아는 수준으로 가르쳐 주셨다. 할머니와 함께했던 시골의 어린 시절은 평화로운 한 폭의 산수화를 보는 것 같다.

내가 초등학교를 졸업하고 소도시의 중학교에 진학한 이후에도, 할머니는 계속해서 삼촌들의 자녀들을 키우셨다. 96세로 세상을 떠날 때까지 꾸준히 격대교육을 하신 셈이다. 할머니의 격대교육을 통해 인성적인 부분은 최고였다. 다만 아쉬운 점이 있다면, 간접흡연의 피해를 알지 못했던 할머니가 방안에서 항상 담배를 피웠기 때문에 나는 기관지염과 축농증을 달고 살았고 심지어 폐까지 좋지 않았다. 내가 어렸을 때 질문을 많이 해서 할머니를 귀찮게 했다는데, 할머니가 글을 아셨더라면 내가 글을 좀 일찍 깨치고 독서를 많이 할 수 있었으리라 추측된다. 책을 처음으로 접한 것은 초등학교에 들어가서 교과서를 받았을 때였다.

'칼비테의 자녀 교육법'에 의하면 '유아기는 도자기를 만드는 점토와 같다.'고 했다.

사람의 인격은 대부분 유아기에 받은 교육으로 결정되기 때문에 이 시기에 누구를 만나느냐가 일생을 좌우한다. 그는 아동의 '잠재력 체감 법칙'을 내세워 조기교육을 강조했다. 아이가 100의 잠재력을 타고났을 때, 태어난 즉시 적절한 교육을 받으면 100의 수준, 다섯 살 때 교육하면 교육법이 적절해도 80수준, 열 살에 시작하면 어떤 좋은 교육을 받은들 60수준의 인물밖에 안 된다. 교육의 시기가 늦어질수록 아이의 잠재력은 점차 줄어든다. 그의 아들 Jr 칼 비테는 세 살 때 글을 읽고 썼으며, 오륙 세에는 모국어인 독일어를 유창하게 구사했는데, 사용하는 어휘 수가 무려 3만 단어나 되었다고 한다. 그 후 프랑스어, 이탈리아어, 라틴어, 영어와 그리스어까지 배워서 여덟 살의 나이에 고전과 철학 서적을 읽고 강연까지 할 정도였으며, 열여섯 살에 법학박사 학위를 취득해 법학과 교수가 되었고, 1883년 83세의 나이로 세상을 떠날 때까지 후대에 큰 영향을 끼쳤다고 한다.

　그리스도인인 부모와 조부모들은 아이가 어릴 때 세상 학문이 아니라 하나님이 만드신 창조 세계 속에서 함께 놀면서 오직 말씀으로 키우기를 바란다. 우리 후대는 시대를 살리는 정상, 즉 서밋(summit)에 이르게 되고 틀림없이 복음 왕가를 이룰 것이다.

2. 옛 틀을 깨고 새 틀을 갖춘 가정

1984년부터 비영리재단에 의해 TED(기술, 오락, 디자인)라는 강연회가 미국에서 시작되었는데, 2013년에 특별한 강연이 있었다.

흑인 인권변호사 브라이언 스티븐슨이 강연을 끝내자, 기립박수를 받았고, 본인이 운영하는 비영리단체에 그날 강연에 참석한 사람들이 즉석에서 100만 달러를 기부한 것이다. 도대체 어떤 내용의 강연이었을까? 할머니로부터 받은 정체성에 관한 내용이었다.

아홉 살 때쯤 형제들과 한참 재밌게 놀고 있는데, 평소에 존경하며 따랐던 할머니가 조용히 바깥으로 불러냈다. "브라이언아, 내가 지금 너한테 하는 말 절대로 다른 사람에게 말하면 안 돼. 너는 할머니가 볼 때 특별한 아이야. 앞으로 네가 원하는 것은 무엇이든 할 수 있어. 나한테 3가지를 꼭 약속해. 네가 제일 먼저 약속해야 할 것은 항상 네 엄마를 사랑하라는 거야. 네 엄마를 돌보겠다고 약속해라. 두 번째는 아무리 어렵더라도 항상 옳은 일을 해야 한다. 세 번째로 절대로 술을 마시지 않겠다는 거야."

 어린 브라이언은 이 세 가지를 할머니와 굳게 약속했다. 세월이 흘러 브라이언이 열다섯 살 때쯤 되었을 때, 형이 여섯 개 들이 맥주 한 팩을 들고 와서 동생들을 데리고 숲으로 가서 마시자고 했다. 형의 권유로 다들 마시는데, 할머니와 약속했기 때문에 브라이언은 마시지 않았다. 잠시 후 형이 뚫어지게 쳐다보고 있더니 "할머니가 너한테 한 말 때문에 아직도 그러니? 할머니는 우리들이 다 특별하다고 그래."라고 말했다. 할머니는 손자들에게 모두 똑같은 약속을 했던 것이다. 강연 당시 52살인 브라이언 스티븐슨은 지금까지 술을 입에도 대지 않았다고 했다.

 창세기 5장에 보면 노아의 할아버지가 아담의 7대손인 므두셀라이고, 증조할아버지는 하늘로 올라가 하나님과 동행한 에녹이다. 969세까지 장수한 므두셀라는 살아있는 동안 자녀들과 손자들에게 창조주 하나님의 분명한 언약을 전했을 것이다. 하지만 그 많은 권속 중에서 언약을 붙잡은 후대는 오직 한 사람 노아였다. 창세기 6장에 "노아는 당대의 의인이요, 완전한 자며, 증조부 에녹처럼 하나님과 동행하는 자다"라고 했다.

야곱의 아들 열둘 중에 아브라함에게 주신 하나님의 약속을 믿고 하나님이 함께하는 임마누엘을 누린 사람은 요셉이었다. 형들이 자신을 애굽에 팔았지만 개의치 않았다. 나중에 총리가 되어 형들을 다시 만났을 때, 두려워하는 형들에게 "우리 가족을 살리기 위해서 하나님이 자신을 앞서 보냈다."라고 했다. 이처럼 정체성이란 인생의 방향을 결정하는 중요한 핵심이 된다. 우리 후대는 올바른 정체성을 갖추기 위해 먼저 가정에서 옛 틀을 버리고 새 틀을 갖추어야 한다. 어떻게 준비하면 좋을까? 다음 세 가지 운동을 통해서 가정에서 언약 전달의 새로운 틀을 구축해 보자.

첫째, 깨우기 운동이다. 후대에 복음 전달을 위한 언약을 마음에 담고, 먼저 말씀으로 가족의 구성원을 깨워 보자. 창세기 18장 18절에 보면 "아브라함은 강대한 나라가 되고 천하 만민은 그로 말미암아 복을 받게 될 것이다."라고 했다. 19절에는 아브라함을 택한 이유가 나와 있다. "내가 그로 그 자식과 권속에게 명하여 여호와의 도를 지켜 의와 공도를 행하게 하려고 그를 택하였나니…" 아브라함을 택한 이유가 후대에 언약을 전달하기 위함이라고 했다. 우리는 영적으로 아브라함의 후손으로, 초대교회의 참 복음을 후대에 바르게 전달해야 할 사명이 있다.

두 번째, 세우기 운동이다. 가정의 언약(가훈)과 가정문화(가풍)를 세워서 실제로 "OO하는 복음 왕가"라는 작품을 만들어 보자. "신학교와 학사 일천 개를 운영하는 복음 왕가", "후대를 살리는 복음 왕가" 등 시대를 살리는 가문의 작품을 위해 포럼 하며 기획해 보자.

세 번째, 지속하기 운동이다. 지속하기 위해서는 새로운 틀이 필요하다. 지속하기 위한 가장 좋은 틀은 가훈과 가풍을 세우고 실천하는 것이다. 거실에 TV를 없애고, 타원형 탁자에 둘러앉아 가정예배를 드리며, 가족 포럼을 해보자. 이것이 새로운 틀, 가족 포럼 시스템이 될 수 있다. 가족 포럼에는 말씀 포럼, 독서포럼, 운동포럼, 영화 포럼, 뮤지컬 포럼 등 많은 주제가 있다.

할머니와의 약속을 굳게 지켜 인생의 작품을 만든 브라이언 스티븐슨은 그의 형들과 어떤 차이가 있을까? 아주 작은 결단의 차이지만 그 결과는 엄청났다. 우리 후대가 이런 결단을 하도록 새 틀을 만들어 보자.

3. 진정 성공한 가문이라 할 수 있을까?

　아일랜드에서 미국으로 이민한 후 불과 4대인 110년 만에 대통령을 배출한 케네디 가문은 널리 알려진 정치 명문가이다. 1대 케네디의 증조부는 가난한 농부의 아들로 태어나 아일랜드에서 미국으로 이민했다. 2대 케네디의 조부는 초등학교를 중퇴하였으나, 위스키 장사를 하면서 덕망을 쌓아 주 의원에 당선되어 정치가로서의 첫 발을 내디뎠다. 3대 케네디의 아버지는 하버드 대학을 졸업하고 인맥 네트워크를 구축하여 은행장과 재벌 사업가를 거쳐 외교관(영국대사)을 지냈다. 4대째 케네디는 하버드 대학을 졸업하고 하원의원과 상원의원을 거쳐 최연소 미국 대통령에 당선되었다. 대통령 존 F. 케네디를 비롯하여 4남 5녀를 키운 어머니 로즈 여사의 자녀 교육이 세간에 많이 알려졌다.

존 피츠제럴드는 외손자인 케네디에게 자신의 이름 피츠제럴드를 물려주면서 정치가로서 큰 인물이 되기를 소망했다. 존 F. 케네디(John Fitzgerald Kennedy)는 다른 형제들보다 이름이 길다. 격대교육의 모범을 보인 부분이다.

'장차 미국 대통령이 되겠다.'라고 포부를 가졌던 장남 조지프 2세가 원래 부모의 기대를 모았다. 하버드 대학 재학 당시 가장 모범적이며 뛰어난 면모를 갖추었기 때문이다. 기대를 모았던 조지프 2세는 제2차 세계대전 중 공군 조종사로 복무하다 습격을 당해 전사했다. 형이 죽자, 그동안 형 때문에 빛을 보지 못했던 둘째 케네디에게 기회가 왔다. 온 가족의 응원으로 제35대 미국 대통령이 되었고, 대통령 재임 중 암살당했다. 천주교 집안으로 진화론이 들어오는 것을 막지 않은 것이 그 이유라고들 말한다. 케네디 대통령 암살에 이어 동생 로버트 케네디도 암살당하고, 그 밖에 다섯 번의 사고사, 병사, 자살 등의 비극을 겪게 되었다. 이것이 '케네디가의 저주'라는 이름이 붙여진 연유다. 진정으로 성공한 가문이라고 할 수 있을까?

성경에도 언약을 놓친 가문이 있다. 베냐민 지파로 이스라엘의 초대 왕 사울 가문이다. 사울 왕이 여호와의 명령을 어기고 아말렉과의 전투에서 아각왕의 양과 소의 가장 좋은 것을 남기고, 가치 없고 하찮은 것만 진멸한 것이다. 이 일로 여호와께서 사울을 왕으로 세운 것을 후회했다. 사무엘이 사울 왕을 찾아가 이에 관해 묻자, 사울 왕은 여호와께 제사하려고 양들과 소들 중에서 가장 좋은 것을 남긴 것이며, 그 외의 것은 우리가 진멸하였다고 거짓말을 하게 된다. 그때 사무엘이 사울에게 말한다. "여호와께서 왕을 길로 보내시며 이르시기를 가서 죄인 아말렉 사람을 진멸하되 다 없어지기까지 치라 하셨거늘, 어찌하여 왕이 여호와의 목소리를 청종하지 아니하고 탈취하기에만 급하여 여호와께서 악하게 여기시는 일을 행하였나이까. 여호와께서 번제와 다른 제사를 그의 목소리를 청종하는 것을 좋아하심 같이 좋아하시겠나이까, 순종이 제사보다 낫고 듣는 것이 숫양의 기름보다 낫습니다."라고 말하고, 다시는 사울 왕을 만나지 않았다. 이 베냐민 지파에도 후대에 언약을 회복한 인물이 있다. 바로 에스더서에 나오는 에스더와 모르드개다. 에스더 9장 16절에 보면 "왕의 각 지방에 있는 다른 유다인들이 모여 스스로 생명을 보호하여 대적들에게서 벗어나며 자기들을 미워하는 자 칠만 오천 명을 도륙하되 그들의 재산에는 손을 대지 아니하였더라."라고 쓰여 있다. 여기서 왜 그들의 재산에는 손을 대지 아니했을까? 여기에는 숨은 비밀이 있다. 에스더와 모르드개는 사울 왕과 같은 베냐민 지파다. 사울 왕이 아각왕의 진품들을 탈취하여 숨겨, 하나님으로부터 버림받았다는 것을 모르드개와 에스더는 알고 있었다. 선대의 누군가에게서 이 언약을 전달받았기 때문이다. 언약의 바통을 전달하기 위해서는 몇 가지 조건이 필요하다. 먼저 하나님의 말씀을 언약으로 붙잡는 자가 되어야 하며, 후대에 이 언약을 전달하고자 하는 사명이 있어야 한다. 후대도 이를 잘 이해하고 전달받아야 한다. 그러기 위해서는 전달체계가 원활해야 하는데, 조부모, 부모와 후대의 관계가 중요하다. 좋은 관계를 맺으려면 가정의 언약과 가정의 문화가 빠르게 세워져야 한다. 에스더와 모르드개는 좋은 관계의 집안에서 자랐다고 본다. 에스더는 사촌 오라버니 모르드개의 말을 잘 들었다. 유다인임을 말하지 말라고 했을 때 그대로 따랐고, 왕께 나아가 유다인을 살리라고 했을 때는 죽음을 무릅쓰고 왕께 나아갔다. 에서의 후손인 아각 사람 하만을 비롯하여 유다인의 대적들을 물리친 후, 사울 왕이 실수했던 것을 기억하고 재산에는 손을 대지 않았던 것도 선대의 말씀을 잘 따랐기 때문이다. 성경에는 기록이 없지만 격대교육을 잘 받았다고 본다. 하나님의 말씀을 언약으로 붙잡고 언약을 잘 지키는 가정이 진정 성공한 가문이다. 다가오는 추석 명절에 복음 왕가의 언약을 세우고, 하나님이 기뻐하는 가문이 되도록 기도하며 기획해 보자.

4. 우리도 행복할 수 있을까

　우리나라 출산율이 0.88로 추락했다. 각계각층에서 이를 해결하기 위해 노력하고 있지만 정확한 해답이 나오지 않고 있다. 어떻게 위기의 저출산을 막을 수 있을까? 경제적인 문제와 육아시간 확보 등을 위해 정부에서도 법적인 해결책을 강구하고 있는데 격대교육이 하나의 대안이 될 수 있다. 6.25 한국전쟁 후 태어난 베이비부머세대(1955-1963)가 약 720만 명 되는데 전체 인구의 14.11%로, 이미 퇴직하고 있고 조부모가 되는 시점이다.
　격대교육이란 세대를 건너뛰어 할아버지 할머니가 손자 손녀를 양육하는 것을 말하는데, 옛날 조선시대에 양반가는 사랑방에서 격대교육을 했다는 기록이 있다.
　노벨상의 명가 퀴리 가의 가훈에 격대교육이 들어있고, 미국의 오바마 전 대통령과 빌 게이츠도 격대교육의 수

혜자이다. 복음 가진 조부모의 격대교육은 이들과는 확실히 다르다. 자녀 세대들이 선교적 기업, 사회적 기업, 문화적 기업의 응답을 받기 위해 열 배로 뛸 수 있도록 손주를 양육하는 사명을 가지고 있다.

다니엘서 1장 8절에 보면 어린 소년이었을 때 뜻을 정한 다니엘이 나온다. 우상 제물을 먹지 않았을 뿐만 아니라 평생 우상에 무릎 꿇지 않았다. 왕의 조서에 어인이 찍힌 줄 알면서도 즉, 죽을 줄 알면서도 하루에 세 번 하나님께 감사 예배를 드리며 오직 하나님 앞에서 신앙을 지켰다. 어떻게 이럴 수 있었을까?

다니엘서 1장 4절에는 흠이 없고 용모가 아름답고 모든 지혜에 통찰하고, 모든 지식에 통달하며 학문에 익숙한 다니엘과 세 친구가 나온다. 이런 아이들이라면 뜻을 정한 후 어떤 어려움에도 흔들리지 않을 수 있겠다는 생각이 든다. 오늘날 장관을 뽑는데 흠이 없는 사람을 찾기가 힘들다. 다니엘과 세 친구는 흠이 없을 뿐만 아니라 지혜의 통찰, 지식의 통달, 학문의 익숙한 단계에 올랐다고 했다. 과연 이들의 부모, 조부모, 랍비는 어떻게 후대교육을 실행했을까?

신명기 6장 4절에서 9절의 말씀처럼 각인시켰다면 가능하다는 생각이 든다.

"이스라엘아, 들으라 우리 하나님은 오직 유일한 여호와시니 너는 마음과 뜻을 다하고 힘을 다해 너희 하나님을 사랑하라. 오늘 내가 네게 명하는 이 말씀을 마음에 새기고 집에 있을 때든지, 길을 갈 때든지, 누워 있을 때든지, 일어날 때든지 이 말씀을 네 손목에 매고, 네 미간에 붙이며 너의 집 문설주와 바깥문에 기록할지니라."

〈우리도 행복할 수 있을까 /오연호〉란 책을 보면 덴마크는 UN의 행복지수가 세계 최상위에 속한다. 자유, 안정, 평등, 신뢰, 이웃, 환경이라는 6개 키워드의 가치들이 학교와 일터, 사회에 깊숙이 스며들어 불행하다는 사람이 거의 없었다. 바이킹의 후예로 왕정 시대를 거치면서 다른 나라와 별다른 점이 없었던 덴마크였다. 1864년 독일에 패해 국토의 3분의 1, 인구의 5분의 2를 잃었을 때도 있었다. 그때 덴마크를 구한 한 사람이 있었다. 덴마크 중흥의 할아버지라 불리는 니콜라이 그룬트비(1783년~1872년)다. 그룬트비는 목회자요, 신학자, 교육학자, 역사가, 철학자, 정치가, 시인이자 작곡가였다. 그가 덴마크의 모든 시민을 깨운 것은 다음의 7가지 리더십이라고 한다.

첫째는 신앙의 힘이다. 목회자로서, 기독교인으로서 하나님의 사랑을 실천하기 위해 노력했다.

둘째는 독서의 힘이다. 청소년 시절 아버지의 권유로

고향을 떠나 펠트목사에게 6년 동안 개인교습을 받았는데 그때 종교, 정치, 역사, 어학 등 다방면에 걸쳐 방대한 독서를 했다.

셋째는 감성의 힘이다. 노래를 사랑하는 집안 분위기 속에서 성장한 그룬트비는 어려서부터 감성이 풍부했고, 훗날 시인이자 작곡가가 되었다. 그룬트비가 만든 곡이 찬송가 271곡 외 1,400여 곡이 넘는다.

넷째는 열린 사고의 힘이다. 조국을 사랑하면서도 외국 문화에 열려 있었는데, 토론을 중시하는 옥스퍼드대학에서 수학한 덕분이다.

다섯째는 애국의 힘, 여섯째는 용기의 힘, 마지막 일곱째는 열정의 힘이다. 이를 통해 그룬트비는 위기의 조국을 구했을 뿐만 아니라 행복한 나라를 만드는 데 지대한 역할을 한 지도자가 될 수 있었다.

독일 침략으로 나라가 풍비박산되었지만, 시민들을 깨워 행복한 나라로 만든 그룬트비는, 바벨론에 포로가 되어도 바벨론의 문화에 흡수되지 않고 정체성을 지켜 나라를 회복한 다니엘과 에스더처럼 흑암 문화를 빛의 문화로 흐름을 바꾼 인물이다. 이 글을 읽고 있는 부모 조부모들은 시대를 살릴 수 있는 새로운 흐름을 만드는 후대가 나올 수 있도록 꿈을 꾸고 기도해 보면 어떨까.

복음 왕가의 비전을 갖고 아이 양육에 관한 책을 읽고 가정에서 가족 포럼이 문화로 정착하도록 새로운 틀을 만들어 갈 때 우리도 행복할 수 있다. 포럼 할 때는 자녀들의 말을 잘 경청하고 질문하며, 그들이 스스로 답을 찾도록 해야 한다. 공감적인 대화, 긍정적인 리엑션이 포럼의 꽃이다.

5. 진짜 복 있는 사람은 누굴까

돈 많고 출세한 사람들을 보고 '저 사람은 오복을 타고 난 사람이다'라는 말을 어릴 때 어른들을 통해 듣곤 했다. 오복이란 오래 사는 장수의 복, 몸과 마음이 건강한 강녕의 복, 재산이 많은 부자의 복, 덕을 베푸는 복, 평안히 살다가 죽는 복을 말한다. 시편 1편 1절에 복 있는 사람에 대해 나와 있다. "복 있는 사람은 악인들의 꾀를 따르지 아니하며, 죄인들의 길에 서지 아니하며, 오만한 자리에 앉지 아니하며 오직 여호와의 율법을 주야로 묵상하는 자"라고 했다. 오복을 받았다고 하지만 악인들의 꾀에 빠질 수 있고, 죄인의 길에 설 수도 있으며, 오만한 자리에 자기도 모르게 앉을 수도 있다. 시편 기자인 다윗은 주야로 율법(**말씀**)을 묵상할 때 이런 유혹에 빠지지 않고 복 있는 사람이 될 수 있다고 했다. 도대체 말씀이 무엇이기에 이 말씀을 주야로 묵상할 때 어떤 유혹에도 빠지지 않고 복 있는 사람이 될 수 있다는 것일까. 요한복음 1장 1절에 보면 말씀이 곧 하나님이라고 했고, 14절에 보면 말씀이 육신이 되어 오신 분이 예수 그리스도라고 했다. 말씀을 주야로 묵상한다는 것은 창조주요 우리의 생사화복을 주관하시는 하나님을 묵상하고, 예수 그리스도를 묵상한다는 뜻이다. 하나님 되신 예수 그리스도가 승천하셔서 우리에게 보내신 보혜사 성령님이 나와 항상 함께하는 것을 누린다는 뜻이기도 하다.

히브리서 4장 12절에 보면 "하나님의 말씀은 살아있고 활력이 있어 좌우에 날 선 어떤 검보다도 예리하여 혼과 영과 및 관절과 골수를 찔러 쪼개기까지 하며 또 마음의 생각과 뜻을 판단한다."라고 하였다. 육신의 질병뿐만 아니라 정신병까지도 말씀으로 치유된다는 뜻이다.

그리스도인은 개인과 세상의 갈등, 각종 재앙의 문제가 어디서 왔으며 그 해답을 알고 있는 사람들이다. 하나님의 말씀을 살아계신 말씀으로 믿고 묵상하고 하나님이 함께하시는 축복 속에 있으니, 어떤 염려와 걱정이 오더라도 흔들리지 않는다. 자신의 건강뿐만 아니라 세상의 염려 걱정을 해결하기 위해 무속이나 점술에 의지하여 사주팔자를 바꾸고자 하는 세상에 속한 사람들은 불안 속에 살고 있다. 자기가 어디에 있는지도 모르면서 오복을 받고자 달려가고 있다. 그리스도의 비밀을 알고 영적인 축복을 받은 성도들은 복을 받은 사람들이다. 진짜 복 있는 사람은 후대에 그리스도의 언약을 전달하는 언약전달자이다.

 2016년 인공지능 알파고의 출현으로, 앞으로 시대가 어떻게 변할 것인가에 대한 예측이 많다. 인공지능이 우리 인간의 생존권을 빼앗아 갈 것이라는 염려 때문이다. 고속버스 휴게소에 가면 식권을 사람이 팔지 않는다. 주방과 연결된 컴퓨터가 자동으로 알아서 처리해 준다. 아침에 일어나 오늘의 일기를 알고 싶으면 묻기만 해도 대답을 친절하게 답해주는 기기가 있고, 외출 중 지시만 해도 로봇청소기가 알아서 구석구석 청소도 해준다.

 〈에이트/이지성〉에서 앞으로 인류는 두 계급 즉, 인공지능에 지시를 내리는 계급과 인공지능에 지시받는 계급으로 나뉜다고 한다. 인공지능 시대가 시작되면 우리나라는 인공지능이 인간을 대체하는 비율이 세계 1위가 될 것이고, 그렇게 되면 인공지능으로 인해 직업을 잃을 가능성이 가장 높은 국가가 될 것이라 지적하고 있다. 이 책은 교육적인 측면에 획기적인 갱신을 요구하고 있다.

 인공지능에 지시받는 계급이 아니라 지시를 내리는 계

급이 되려면 8가지를 통해 공감 능력과 창조적 상상력을 키워야 한다고 말하는데, 그래서 책 제목이 '에이트'(Eight)이다. 물론 맞는 말이지만 가장 근본적인 것은 영적인 부분이다. 만물을 정복하고 다스리는 하나님의 형상을 회복해야 인공지능에 예속되지 않는다.

그리스도인이 하는 격대교육은 일반인의 격대교육과 차이가 있다. 정확한 복음을 후대에 전달하고, 언약의 말씀을 잘 가르쳐, 후대를 시대 살리는 지도자의 반열에 오르도록 하는 교육이다. 우리의 후대가 세상을 정복하고 다스릴 수 있도록, 그 길잡이가 되는 조부모들이 이 세상 최고로 복 있는 사람들이다.

6. 당신은 어떤 가정을 원하는가

같은 시대를 살아온 두 가정이 있다. 두 가정의 공통점은 부부가 비슷한 시기에 결혼하고 두 자녀를 낳았으며, 자녀 둘 다 취업 후 첫째는 결혼하고 둘째는 결혼 적령기에 있는 청년이다.

첫 번째 가정이다. 남편은 1980년대 중반에 대학을 졸업하자 곧바로 대기업에 취직, 공직에 있는 여성과 결혼했다. 남편과 자신이 번 돈으로 가계를 꾸리게 된 아내는 사회생활을 통해 부동산 정보에 눈이 밝았고, 재테크를 통해 아파트 평수도 넓혀서 지금은 50여 평의 아파트와 시골에 조그만 텃밭도 갖고 있다. 두 자녀 교육에도 온 힘을 다해, 어릴 때부터 가정교사뿐만 아니라 학원 소수 과외를 붙였고, 학교에서는 학부모운영위원회에 들어가 물심양면으로 헌신하여 서울에 있는 중상류 대학에 보내게 되었다. 대학 재학 중에 해외연수도 보냈고, 그 결과 첫째는 아버지와 같이 대기업에, 둘째는 공기업에 취업했다. 부러울 게 없는 것 같은데 아내는 첫째를 의사로, 둘째를 법관으로 키우지 못한 것을 못내 아쉬워하고 있다. 본인은 최선을 다했건만 목적을 달성하지 못한 데 대해서는 남편 탓으로 돌리곤 했다. 아이들 성적이 한계를 벗어나지 못한 것이 남편 닮아서라고 무시하는 발언도 서슴지 않았다. 그렇다 보니 당연히 남편에 대한 존경심이 없었다. 남편이 번 돈으로는 꿈도 꾸지 못할 오늘날의 물적 재산이 자신의 재테크 역량이고, 아이들도 자신이 최선을 다해 공부시켜서 이 정도의 위치를 고수하고 있다고 자부하고 있다. 평생 성실하게 직장 생활하며 돈 버는 기계처럼 살았던 남편은 얼마 전 퇴직을 했는데 출근하지 않으니까 아내의 눈치를 보지 않을 수 없다. 젊었을 때 하고 싶었던 것을 하기 위해 지자체가 운영하는 문화강좌에 다니고 있으며, 텃밭을 관리하기 위해 시골에 가지 않을 때는 친구들과 함께 등산하고 소주 한잔하는 것이 삶의 낙이다. 공직에서 퇴직한 아내는 아이들을 키우는 과정에 맺어진 학부모들과 동창회 등 모임이 많다. 남편이 받는 국민연금보다 더 많은 공무원연금도 받으니, 경제적으로도 넉넉하다. 요즘엔 둘째 딸을 시집보내기 위해 사위를 고르느라 한창 바쁘다. 아이들은 자라는 과정에 가정의 주도권을 어머니가 갖고 있다는 것을 알고 있어서, 아버지보다 어머니의 말을 더 잘 듣는다. 황혼 이혼이 늘고 있는 이 시대에 이 정도면 꽤 괜찮은 가정으로 주위 사람들은 부러워하고 있다.

 두 번째 가정이다. 첫 번째 가정과 마찬가지로 1980년대 중반에 결혼했는데 남편은 대학을 졸업하고 공무원이 되었고, 아내는 전업주부다. 아내는 남편을 왕으로 모셔야 자신도 왕비로 대접받는다는 지론을 갖고 있는 다소 고전적인 여자로 자녀들에게도 그렇게 가르쳐 왔다. 자녀 둘은 학교에서 존경하는 사람을 적으라고 하면 아버지가 꼭 들어갔다. 아내는 가정에 음악이 흘러넘쳐야 한다면서 카세트 테이프에 클래식 음악을 녹음해서 항상 틀어 놓았는데, 베토벤의 전원 교양곡이나 비발디 4계 등의 맑고 경쾌한 곡들이었다. 두 아이를 어릴 때부터 피아노 학원에 보냈고, 자신을 지키도록 검도와 태권도 학원에 보냈다. 학습 과외는 시키지 않았다. 경제적인 여유도 없었지만, 학업은 학교에서 가르쳤기 때문이다. 명절 때 세뱃돈이나 용돈을 받게 되면 그 돈은 주식을 사 모으도록 했다. 유대인의 교육법을 잘 알고 있는 부부는 자녀들에게 어릴 때부터 경제교육을 시켜야 한다고 믿었기 때문이다. 아이에게 장난감 대신 장난감 회사의 주식을 사도록 권유하여 산적도 있다. 다행히 아이들도 어릴 때부터 부모의 말씀에 순종했다. 이것은 전적으로 어머니의 자녀 교육 덕분이다. 아내는 남편이 흠이 좀 있다 해도 자녀뿐만 아니라 다른 어떤 사람에게도 남편에 대한 험담을 하지 않았다. 동창회나 계모임에서 남편 험담을 하는 여자들이 많은데, 아내는 누워서 침 뱉는 결과임을 잘 알고 있기에 결코 그렇게 하지 않았다. 두 아이도 항상 아버지와 어머니를 존경하고 있다. 아이 둘 다 지방의 국립대를 졸업했다. 큰아이는 어릴 때부터 전자 분야에 적성과 취미를 갖고 있어서 삼성전자에 입사했고, 둘째는 최근 교사 임용고시에 합격해서 초등학교 교사로 근무 중이다. 남편이 공직에서 퇴직하자 매월 받는 연금에 감사하며 부부가 항상 함께 지내고 있다. 90년대 아파트 붐이 일어나 분양권 획득으로 아파트 한 채는 갖고 있을 법한데, 부동산에 눈을 돌리지 않고, 두 아이를 키우면서 교육에 몰두하다 보니 현재 도시 변두리에서 전세로 살고 있다. 아이들이 어릴 때 가족 여행을 많이 하는 것이 좋다는 지론을 갖고 있어서 해외여행을 자주 다녔으니 그럴 수밖에 없다. 두 자녀는 매월 들어오는 소득의 십

일조를 하나님과 부모님께 드리고 있다. 자신들을 낳으시고 양육해 주신 부모님을 하나님 다음으로 섬긴다면서 이 전통을 가문의 규례로 삼을 것이라고 한다.

  위 두 가정의 차이점은 무엇일까? 후대에 어떤 인생 작품을 남기느냐에 그 차이점을 두고 싶다. 우리는 어떤 후대를 남길 것인가? 특히 청년들이 주목해야 할 것 같다.

7. 아내는 뿌리, 남편은 나무

　가정에서 아내는 뿌리, 남편은 나무(기둥, 줄기), 그 열매가 자녀들이라는 말이 있다. 뿌리는 눈에 보이지 않게 땅속에 감추어져 있지만, 눈에 보이는 나무와 가지, 열매를 관장하고 있고, 그 중요성이 매우 크다. 뿌리가 건강할 때 나무도 튼튼할 뿐만 아니라 가지에 많은 열매를 맺을 수 있다. 뿌리는 강한 비바람이나 태풍이 불어온다 해도 나무를 꼭 붙잡고, 넘어지거나 뽑히지 않도록 땅속에 깊이 뿌리박고 있어야 한다. 예기치 않는 가뭄이 닥쳐오더라도 수분과 양분을 나뭇가지 끝에 있는 열매까지 보내야 하는데, 이를 위해 땅속에 있는 수분과 양분을 충분히 섭취해서 축적해 두어야 한다. 그러려면 땅속 깊이 파고들어 사방으로 뿌리를 뻗쳐야 한다. 어떤 커피나무 뿌리는 무려 2km까지 뻗어나간다고 한다. 이처럼 나무는 모든 것이 뿌리에 달려있다고 해도 과언이 아니다. 이 뿌리의 역할이 가정에서 아내라는 것이다. 뿌리인 아내가 수분과 양분을 나무에 줄 수 있느냐 없느냐, 어떤 양분을 주느냐에 따라 나무인 남편의 삶이 윤택해질 수도 있고, 황폐해질 수도 있다. 〈탈무드가 말하는 가정/변순복〉에 이런 내용이 나온다. 이 세상에서 많은 부부들이 살아가는데 아내가 남편의 영향을 많이 받는지, 남편이 아내의 영향을 받는지에 대해 다음의 예를 들었다.

"어느 신앙심이 돈독한 남성과 여인이 결혼을 했다. 그런데 10여년의 세월 동안 행복하게 살아왔는데 불행하게도 아내가 임신하지 못해서(유태인 법에는 결혼한 후 10년이 지날 때까지 자녀를 출산하지 못하면 이혼할 수 있다.) 자녀를 출산하지 못하므로 이혼하게 되었다. 그 후 남자는 새로운 여인을 만났는데 불행하게도 새 아내는 신앙심이 없을 뿐만 아니라 사악한 여인이었다. 그의 새 아내는 남편을 자기와 같은 사악한 사람으로 만들었다. 신앙심이 돈독한 아내도 새로운 남자를 만나 결혼을 하였다. 불행하게도 이 여인의 새로운 남편 또한 신앙심이 없을 뿐만 아니라 아주 사악한 남성이었다. 세월이 흐르면서 사악한 남편은 아내를 닮아 신실하고 의로운 사람이 되었다. 두 여자는 변함이 없었는데, 남편들은 반대로 변하였다."

유대인은 어머니가 유대인이라야 자녀도 유대인이라고 한다. 탈무드에 남성 편은 없는데 여성 편이 있는 이유가 바로 이 때문이다. 성경에서 훌륭한 어머니를 한 사람 꼽으라고 하면 모세의 어머니 요게벳을 들 수 있다. 공주의 아들이 된 모세의 유모로 들어가 하나님이 어떤 분인지, 이스라엘의 역사가 어떻게 흘러왔는지 상세히 아들 모세에게 전달했다. 모세가 애굽(이집트)의 왕자로 있을 때는 어머니 요게벳의 교육이 큰 영향을 준 것 같지 않다. 하지만 40여 년의 미디안 광야에서의 삶은 달랐다. 창조주 하나님이 이 세상과 우리 인간을 어떻게 창조하셨는지, 왜 인간은 타락하여 하나님을 떠나게 되었는지, 타락한 인간에 대한 구원 계획과 젖과 꿀이 흐르는 가나안 땅에 대한 언약이 기록되어 있는 창세기를 바로 이때 기록했다. 이것은 오직 어머니 요게벳의 힘이라고 생각한다.

어거스틴의 어머니 모니카의 기도는 유명하다. 젊었을 때 방탕했던 아들 어거스틴이 어머니의 기도로 30세에 회개하고 돌아와 성 어거스틴이 된 것이다. 뿌리인 어머니가 하나님의 말씀을 언약으로 붙잡고 기도할 때, 이것이 곧 수분과 양분이 되어 아름다운 열매를 맺을 수 있다.

복음을 갖고 있다는 것은 커다란 축복이며, 이 축복을 후대까지 전달하는 어머니의 역할이 매우 중요하다. 만일 어머니가 바쁘거나 하지 못하면 할머니가 하면 된다. 나무가 눈에 보이지 않는 뿌리의 귀중함을 잘 모르듯이,

남자가 여자의 귀중함을 잘 모를 수 있다. 남자가 바보 같은 생각과 철없는 행동을 하는 것도 이런 이유에서다. 성경 말씀대로 아내는 남편이 좀 부족하더라도 그리스도를 섬기듯 섬기고, 남편은 아내를 아끼고 사랑하는 것이 복음 왕가의 시작이라고 생각한다. 청년의 때에 이 원리를 알고 남편이 되고 아내가 될 준비를 하면 좋겠다.

한번은 아담이 하나님께 이렇게 물었다.

"하나님, 어찌 이런 예쁜 하와를 제 아내로 주셨는지요?"

"그래야 네가 아내를 사랑할 게 아니겠느냐."

고개를 끄덕이던 아담이 "하나님, 하와가 예쁘기도 하지만 참 착하기도 합니다."

"그래야 네가 아내를 아껴줄 게 아니겠느냐."

아담이 잠시 머뭇거리다가 "그런데 하나님, 왜 그런지 모르겠지만 어떨땐 하와가 좀 맹한 데가 있어요." 하나님이 웃으며

"그래야 너 같은 남편을 사랑할 수 있지 아니하겠느냐."

8. 가정에서 언약의 꿈, 학교에 심는 3월

해마다 3월이 되면 학교에는 신선한 생동감이 샘솟는다. 올해는 '코로나19'로 좀 늦어지긴 했지만, 재학생은 한 학년씩 진급하여 새로운 친구들과 담임교사를 만나는 시기다. 누가 뭐라 해도 신입생 입학식은 3월의 꽃이 아닐까 싶다. 신입생과 학부모에게 가슴 벅찬 기쁨과 설렘이 있기 때문이다. 예전에 내가 근무했던 학교에 입학식이 있는 날, 정문에는 플래카드가 걸리고, 교문 입구 양옆에는 꽃집 아저씨들이 꽃다발을 진열해 놓고 주인을 기다렸다. 10시쯤 입학식이 거행되면 강당 스탠드에는 멋진 옷을 차려입은 학부모들이 꽃을 안고 앉았고, 강당 마루에는 재학생 선배들로 둘러싸인 신입생들이 다소 상기되고 어리둥절한 표정으로 두리번거렸다. 국민의례를 시작으로 학교장 인사와 내빈 축사, 학생회장의 환영사와 신입생 대표의 답사 등을 거쳐 교가를 부르면 모든 식이 끝난다. 이후 신입생들은 미리 배정된 교실로 들어가 담임교사를 만나는데, 담임교사는 학생 한 명씩 얼굴과 이름을 대조하며 출석을 확인하고, 자기소개와 함께 앞으로 1년간 학급 운영의 방향을 담은 급훈을 설명했다. 이때 학부모는 교실 뒤편에 서 있거나, 좁아서 들어가지 못한 학부모들은 열린 복도 창문 사이로 얼굴을 내밀고 담임교사의 한 마디 한 마디를 놓치지 않았다. 담임교사는 학생들을 보내고 학부모와 간단한 모임을 가졌다. 담임교사로서 학부모에게 부탁할 일과, 학부모로서 담임교사에게 건의할 사항 등을 주고받았다. 요즘도 이와 같은 과정이 별로 다르지 않다고 생각한다. 입학식 이후 담임교사는 반 아이들과 개별 상담을 통해 신상을 파악하고, 진로적성검사 등을 통해 학생의 진로에 대한 방향을 나름 정리한다. 그 이후 학부모와의 상담을 통해 아이의 성장 과정과 달란트를 확인하여 종합적인 지도계획과 진로 방향을 수립하게 된다. 보통 학교에서 입학식 이후에 일어나는 과정이다. 신앙을 갖고 있는 그리스도인 학부모는 담임교사를 만나기 전에 미리 준비할 것이 몇 가지 있다.

첫째, 자녀에 대한 주인을 온전히 바꾸는 것이다.

내 자녀가 아니라 하나님의 자녀라는 점이다. 학교와 담임교사를 선택한 것도 주인 되신 하나님이시고, 하나님이 인도하시는 언약의 여정 속에 내 아이가 있는 것이다. 빌립보서 4장 6절에서 7절을 보면 "아무것도 염려하지 말고 다만 모든 일에 기도와 간구로, 너희 구할 것을 감사함으로 하나님께 아뢰라. 그리하면 모든 지각에 뛰어난 하나님의 평강이 그리스도 예수 안에서 너희 마음과 생각을 지키시리라." 라고 하셨다.

 만일 아이에게 어떤 문제가 생기면 먼저 주인 되시는 하나님께 아뢰야 한다. 하나님께 아뢰면 주인 되신 하나님이 문제를 해결하신다. 이때 하나님께 온전히 맡기는 것이 중요하다. 온전히 맡길 때 하나님이 주시는 평안 속에서 답을 얻게 될 것이다.

 둘째, 가정에서 대화를 나눌 때 선생님을 존경해야 한다. 평소 선생님에 대한 부정적인 말이나 비난을 하면 즉시 아이의 뇌 속에 부정적인 이미지가 각인된다. 그 결과 자기도 모르게 선생님을 무시하는 말이나 태도가 교실에서 드러난다. 교사들은 학생들을 많이 대하기 때문에 그들의 태도나 말투에서 단번에 그 집의 가정 분위기를 알아차린다. 부모가 선생님을 존경하게 되면 아이도 선생님의 지도를 잘 따르며 존경하게 된다. 교사도 사람인지라 지도에 잘 따르는 제자를 더 깊이 사랑하고 돌보게 된다.

셋째, 담임교사는 하나님이 세우셨기 때문에 학교를 방문하면 선생님께 감사하는 자세를 갖도록 한다. 아이가 자라온 과정뿐만 아니라 아이의 성품과 달란트, 비전 등을 부모 관점에서 진실하게 말하고, 앞으로 학교생활을 할 때 담임교사가 참고하여 부족한 것은 보완하고, 장점은 강화할 수 있도록 부탁한다. 이때 주의할 것은 부모가 자녀 교육의 전문가처럼 보이면 담임교사가 적극적으로 아이 교육에 관여하지 않을 수 있다.

넷째, 아이의 달란트와 진로에 대한 정보를 미리 알고 있으면 좋다. 〈진로정보망 커리어넷〉과 〈워크넷〉을 통해 아이의 진로 방향을 파악하고 선생님을 만나면, 아이의 미래를 위해 도움이 될 것이다.

내가 초등학교와 중학교 다닐 때 입학식은 물론, 학교 행사가 있을 때마다 늘 할머니가 참석하셨다. 아버지와 어머니는 농사일로 바쁘기도 했지만, 이것은 어렸을 때부터 나를 키워온 할머니의 유일한 특권이었다. 할머니는 담임교사를 만나서 손주의 흠보다는 자랑을 더 많이 하신 것으로 기억한다. 부모라면 밉상스럽게도 보였을 텐데, 할머니라는 이유로 선생님이 양보하셨는지 나를 대할 때 구김살이 없었던 것 같다.

부모는 아이의 성공을 위해 성적에 관심이 더 많아 조급하지만, 할아버지 할머니는 그렇지 않고 여유가 있다고 한다. 격대교육의 필요성을 갖게 하는 말이다.

9. '디지털 네이티브' 참된 인재로 키우려면

　놀라운 사실은 빌 게이츠나 스티브 잡스와 같은 4차 산업혁명의 출범을 주도했던 주역들은 자녀들에게 스마트폰을 주지 않고 책을 읽힌다고 한다. 디지털 네이티브로 키우지 않고 아날로그 세대의 방식을 택했다는 점이다. 왜 그랬을까?

　'디지털 네이티브'(Digital Native)는 '어린 시절부터 디지털 환경에서 성장한 세대를 뜻하는 말'로 사전에 나와 있으며, 미국의 교육학자 마크 프렌스키가 2001년 처음 언급한 개념이다. 이들은 어릴 때부터 자연스럽게 개인용 컴퓨터, 휴대폰, 인터넷, 스마트폰 등으로 게임까지 할 수 있다.

　아이가 영상에 먼저 노출되면 독서의 맛을 잃게 되어 지적 능력이 떨어지고, 사람과의 관계성 부족으로 인성과 사회성이 결핍되며, 최악의 경우 범죄 집단에 연루되어

단 한 번의 인생을 그르칠 수 있다. 최소한 세 살이 될 때까지는 스마트폰을 아이에게 줘서는 안 되며, 아이에게 책을 읽어주고 책을 갖고 놀도록 해야 한다. 진정으로 내 아이를 사랑하여 세상에 휘둘리지 않게 키우고 싶고, 참된 지도자로 키우고 싶다면 주위 환경을 과감히 바꿀 수 있어야 한다. 빌 게이츠, 스티브 잡스와 같은 시대의 선구자들은 이것을 알고 있었기에 자녀들을 디지털에서 보호했다. 매스컴을 통해 전 국민을 경악하게 했던 텔레그램 'n번방' 사건을 기억할 것이다. 고액 모델 아르바이트 모집을 미끼로 일반 여성을 유혹한 후 나체사진이나 영상들을 요구하고, 그 후엔 이들을 협박하여 음란한 성적 행위 동영상을 요구해서 이를 텔레그램 n번방에 돈을 받고 유포했다고 한다. 여기에 미성년자 16명을 포함해 74명의 피해자가 있었다. 'n번방' 중 하나인 '박사방' 운영자는 전문대 재학 기간 학보사 편집국장으로 활동할 만큼 대학 생활도 활발하게 했고, 심지어 취업하기 위해 봉사활동도 꾸준히 해온 것으로 알려졌다. 어쩌면 당연한 결과일지도 모른다. 사람을 존중하고 배려하는 인성과 덕성보다 잔머리를 굴려 만든 스펙과 얕은 지식으로 돈만 많이 벌면 된다는 황금만능주의 때문이다. 후대를 그렇게 교육시킨 기성세대와 우리나라 교육제도의 잘못이기도 하다. 디지털 네이티브 세대의 특징을 알고 이를 대비하는 교육이 필요하다. 한국가족보건협회 김지연 대표는 디지털 네이티브 세대의 특징을 다음과 같이 다섯 가지로 분석했다.

첫째, 디지털 네이티브들은 주변 사람들에게 묻거나 책을 통하지 않고 인터넷 검색을 통해 정보를 빠르게 받아들이는데, 그 정보 중 일부는 유용하고 올바른 정보지만 상당량은 거짓되고 비성경적인 정보다. 그 결과 분별력과 절제력이 부족하다.

둘째, 디지털 네이티브들은 사이버 세상에 자신을 노출하는 경향이 많다. 사회관계망서비스(SNS)나 유튜브 등으로 자신의 사생활을 노출하고 지식을 공유하며 생각을 나누는 일에 적극적이고, 자신이 가진 정보나 경험, 의견을 사이버 세상에 공개하는 일이 쉽고 빨라졌다.

셋째, 자기의 주 양육자나 교사, 목회자가 주는 정보보다 인터넷 서핑을 통해 얻은 정보를 더 신뢰하는 경향을 보인다. 아날로그 세상, 즉 오프라인 세상이라 불리는 현실 세상 속에서 얻은 정보가 옳은지 다시 포털 사이트 검색창에 최종적으로 되묻는 현상이 뚜렷해지고 있다.

넷째, 사이버 세상에서 정보나 감정을 공유하는 경우는 갈수록 늘어나지만, 스마트폰 없이 오프라인의 삶에서 이렇다 할 인간적 관계를 맺지 못하는 경우가 더 많아진다. 심지어 눈앞에 상대방이 있는데도 그 사람과 직접 대화하지 않고 문자나 SNS로 주고받는 방식으로 대화하는 장면이 연출되고 있다.

다섯째, 사이버 공간의 성품과 실제 삶의 성품이 '지킬박사와 하이드'처럼 극명한 차이를 보이는 삶을 살기도 한다. 익명성과 비대면성을 무기 삼아 상대방에게 서슴없이 언어폭력을 가하고, 성적 호기심과 욕구 해결 및 스트레스 해소 등을 이유로 음란사이트에 접속함으로써 왜곡된 성 문화를 자신도 모르게 받아들이거나 퍼뜨리기 쉽다. 종국에는 현실과 사이버 세상을 구별 못 하고 실제 삶에서 성폭력 가해자로 등장하는 등 또 다른 위험에 노출될 가능성이 크다.

이런 특징을 지닌 우리 후대들을 어떻게 교육해야 참된 인재로 키울 수 있을까? 교육의 뜻은 아이 안에 숨겨진 잠재력을 끌어내는 것이다. 아이를 양육하는 부모와 조부모는 하루하루의 삶 속에서 아이의 잠재력을 끌어내야 한다. 그러려면 지렛대(leverage)가 필요하다. 바로 책이다. 검증된 최고의 교사는 고전의 저자다. 먼저 부모가 그들을 만나고 아이도 만나도록 인도해야 한다.

'꿈꾸는 다락방'과 '리딩으로 리드하라', '에이트' 등을 쓴 이지성 작가는 저서 '당신의 아이는 원래 천재다'에서 이 시대 아이를 키우는 것은 지知와 정情이라고 했다. 지知는 지혜를 뜻하며 새로운 시대를 창조할 수 있을 정도의 지혜를 말하고, 정情은 따뜻한 가슴을 뜻하며 민족과 세계를 끌어안을 수 있을 정도의 따뜻함을 말한다고 하면서, 책의 절반 이상을 독서의 효과와 독서를 시켜야 할 이유에 대해서 강조했다. 그리고 마지막에 간절히 부탁하는 말을 이같이 덧붙였다. "아이를 우등생으로 키우고 싶으면 책을 읽혀라. 아이를 엘리트로 키우고 싶으면 책을 읽혀라. 아이를 천재로 키우고 싶으면 책을 읽혀라. 아이에게 책을 읽히고 싶다면 부모가 먼저 책을 읽어라."

10. 제멋대로의 일곱살, 어떻게 키워야 할까

 자기 멋대로 하는 작은 7살 남자아이를 참된 인재로 키울 수 있을까? 정답은 가능하다는 결론이다. 자녀 교육에 정석으로 알려져 있고, 몬테소리, 글렌도만, 일본의 시찌다 마코토, 한국의 푸름이 아빠에게 영향을 준 '칼비테의 자녀교육법'(칼 비테 원저/김일형 옮김)에 나와 있는 실화이다.
 칼 비테 목사가 스위스의 한 가정에서 일곱 살 맏아들 헤르쿨레스를 교육한 내용이다. 아이의 아버지는 우울증이 심했고, 어머니는 즐거운 일에만 몰두하여 아이 교육에는 관심이 없었다. 다행히 할머니만 분별력이 있어서 "아이가 어디로 튈지 도무지 모르겠어요. 조만간 교사를 구하지 못하면 아이를 망칠 것만 같아요."라고 말했다. 할아버지는 아이를 너무 사랑한 나머지 완전히 응석받이로 키웠고, 순수한 아이가 배우지 않아도 되는 것들을 가르쳤다. 스위스는 독일어, 프랑스어, 이탈리아어를 공용으로 사용하는 국가인데, 이 아이는 독일어와 프랑스어를 한 단어도 몰랐고, 이탈리아어도 상스러운 말만 알고 있었다. 그 집 하인에게 말을 배웠기 때문이다. 가장 심각한 것은 그 아이가 어린 여동생을 제멋대로 다루고, 할아버지가 놀이 친구로 데려온 가엾은 남자아이에게 폭언하고 학대를 한다는 점이었다. 이 아이를 맡게 된 칼 비테 목사는 3일간 관찰만 했다. 그러고는 아이의 부모와 조부모에게 3개월간 자신의 교육 방법을 무조건 따르겠다는 약속을 받아낸 다음, 아이의 아버지처럼 행동하기 시작했다. 아이는 잠에서 깨자마자 침대에서 일어나야 했다. 아침부터 아이가 읽을 책을 들고 기다리고 있었기 때문이다. 지금까지는 몇 시간씩 침대에 머물면서 먹고 마시고 지루해하고 빈둥거렸다. 이전에는 어쩔 도리가 없어서 하인이 옷을 대충 입혔다. 아이 스스로 씻은 적은 단 한 번도 없었다. 이제 스스로 옷을 입고 씻도록 도왔다. 점점 도와주는 횟수를 줄여나감으로써 얼마 지나지 않아 아이는 혼자 옷을 입고 씻게 되었다. 아침마다 아이 옆에서 얼굴, 목, 손, 팔까지 비누로 꼼꼼하게 씻어 보이며, 그 유익함을 이해시켰다. 아이는 곧 따라 하면서 명랑해졌고 행복해했다.

가족이 다 같이 아침 식사를 할 때면 할아버지 옆에 앉아 습관적으로 과식하곤 했는데, 이제는 칼 비테 목사 옆에 앉아서 필수 열량만 섭취해야 했다. 평소 두세 배씩 과식하던 것을 금지했다. 식후에 날씨가 무덥지 않으면 밖으로 나갔다. 아이와 걸으면서 유쾌한 대화를 나눴다. 점차 산책을 즐거워했다. 포도주와 커피를 입에 달고 있었고, 어쩌다 차를 마시던 아이가 이제는 물을 마시고 다른 음료를 거의 거들떠보지 않았다. 열 가지 음식이 차려진 점심 식탁에서 가장 소박한 두 가지 음식만 허락되었다. 오후에는 또다시 최대한 멀리 산책을 나갔다. 너무 더울 때면 저녁 무렵까지 기다렸다. 밤이 되기 전에 귀가하는 일은 드물었다. 세상 모든 사물이 대화의 소재가 되었다. 아이보다 한 살 어린 여동생 루이제도 함께 교육했고, 나중에는 동갑인 사촌 마르도 맡아서 아이 셋을 데리고 즐겁게 산책을 했다. 아이의 아버지도 자주 산책길에 합류했고 덕분에 우울증이 나아갔다. 산책을 마치고 집으로 돌아오면 점심때처럼 아이들을 보살폈다. 저녁을 먹고는 그림을 그리게 하거나, 교육적인 이야기를 들려주거나, 유쾌한 동화를 읽어주었다. 아이는 저녁 식탁에 오른 다섯 가지 음식 중에서 포만감을 주는 한 가지 음식만 먹고 얼른 잠자리에 들었다. 몸이 피곤했기 때문이다.

이런 생활 방식이 지속되자 아이는 점점 익숙해졌다.

이제는 매일을 지루해하지 않았다. 늘 즐거워하며 기다렸고 눈에 띄게 체력도 좋아졌다. 고집을 부려도 통하지 않는다는 사실을 알아채고는 더 이상 제멋대로 행동하지 않았다. 아이는 더욱 밝아졌다. 몇 달 뒤 아이는 살이 빠지고 키가 크기 시작했다. 두 눈이 불같이 반짝이고 양볼이 생기 있게 발그레했다. 식욕이 왕성해졌고 잠도 잘 잤다. 영리해지고 이해력이 향상되고 무엇보다 공손해졌다. 그제야 칼 비테 목사는 규칙적으로 가르치기 시작했다. 우선 오전마다 조금씩, 이를테면 밖에 나가기는 너무 더울 때 가르쳤다. 정신적, 육체적인 힘이 늘어나고 스스로도 발전하고 있음을 인지한 것인지 무언가를 배우고 싶어 하는 성향도 같이 자랐다.

어느덧 아이가 먼저 수업을 해달라고 조르기에 이르렀다. 곧 아주 빨리, 쉽게 배워서 가족들을 굉장히 기쁘게 했다. 손자를 엄격하게 규율하는 교육방식을 못마땅해하던 할아버지도 지난 일을 사과했다. 헤르쿨레스를 교육하는 3년 6개월간 아이는 아주 행복하게 바뀌어 갔다. 이후 이 아이는 육군사관학교에 들어가 명예롭게 장교로 임관했고 연대에서 최고의 사랑과 존경을 누렸다.

칼 비테 목사는 아이 교육을 조금만 더 일찍 시작한다면, 그야말로 요람에서부터 교육을 시작한다면 이보다 훨씬 더 뛰어난 성과를 이룰 수 있다고 말했다.

평범한 아이도 영재가 될 수 있다는 소신을 가진 칼 비테 목사는 그의 아들 주니어 칼 비테를 성공적으로 키웠다. 아들이 태어났을 때 주위 사람들이 바보라는 소리를 할 정도로 다소 저능한 아이였지만, 아버지의 교육을 받아 세 살 때 글을 깨우치고, 여섯 살 때부터 외국어를 배우기 시작해 모국어인 독일어뿐만 아니라 영어, 이탈리아어 등을 자유롭게 구사했다. 누구를 만나느냐에 따라 아이의 인생이 바뀐다는 것을 알 수 있다. 제멋대로의 우리 아이라도 절대로 포기하면 안 된다.

11. '오직'의 자세란

'오직' 혹은 '오로지'(only)는 강조를 나타내는 부사인데, 마치 고유 명사만큼 강한 느낌이 들 때가 있다. 기독교 신자들에게 '예수'를 믿지 마시오!라고 하면, '무슨 소릴 하는 거야? 예수 믿어야지'라는 생각으로 의아해 있을 때, '오직 예수'를 믿으시오!라고 하면 이내 곧 수긍하게 된다.

'오직'은 유일성과 완전성, 지속성을 내포하고 있다. 단 하나만을 강조할 때와 99.9%가 아니라 100%일때, 일관성을 갖고 지속할 때를 나타내는 단어이다.

인문계 고등학교에서 학급 담임을 맡았을 때의 일이다. 교실 칠판 위, 액자 급훈에 '자세가 100이다'라고 써 놓았다. 학생들이 앉아서 공부할 때 정면으로 보이는 곳이다. 모든 것이 '자세'에 달려있다는 뜻이기도 한데, 좀 더 깊은 뜻을 갖고 있다.

'자세'는 영어로 'attitude'이다. 알파벳에 숫자를 매겨, a=1, b=2, d=4, e=5, I=9, t=20, u=21 등의 방법으로 할 때, 'attitude' 단어의 알파벳 숫자 합이 100이 된다. 학교에서 각 교과목의 만점이 100점으로, 숫자 100은 꽉 찬 느낌을 준다. 공부하는 학창 시절에 자세가 중요하다는 생각이 들었기 때문에, 이와 같이 급훈을 정한 바 있다. 학년말 피드백을 해 보면 자세의 중요성이 각인된 학생들이 많았다. 절반의 성공을 거둔 셈이다.

공부를 잘하는 학생은 대부분 바른 자세로 앉아 수업에 집중한다. 자세가 비뚤어져 있거나 엎드려 있는 학생들은 수업에 집중하지 못하고, 그 결과 공부도 잘하지 못한다. 과연 이 차이는 어디서 오는 것일까?

학생 본인이 스스로 결단하고 실천하면 된다고 하겠지만, 이게 좀처럼 쉽지 않다. 스스로 결단하고 실천하지 못하는 것은 태어나자마자 아이를 양육한 부모에게 그 책임이 있다고 하는 것이 교육학자들의 지배적인 의견이다. 아이의 일생에 가장 큰 영향을 주는 사람은 양육자인 부모이며, 이들이 첫 번째 교사이다. 요즘엔 부부 맞벌이로 할아버지 할머니가 양육에 동참하고 있는 가정이 늘고 있다. 양육자가 1% 변하면 아이는 100% 변한다는 말이 있다. 아기가 태어나 누구를 만나느냐에 따라 한 인간의 완성도에 차이가 난다. 칼 비테의 '자녀교육법'에서 엘베시우스는 이렇게 말했다.

"사람은 누구나 똑같이 태어난다. 하지만 어떤 환경에서 자랐는가에 따라 누구는 천재나 영재가 되고 누구는 평범한 사람 심지어 바보가 된다. 하지만 적절한 교육을 받으면 평범한 아이도 훌륭한 사람이 될 수 있다."

이것을 증명하려는 듯이 저명한 교육가 페스탈로치는 다음과 같은 우화를 내놓았다. "쌍둥이 망아지 두 마리가 각각 농부와 똑똑한 사람에게 보내져 자랐다. 먼저 가난한 농부에게 보내진 망아지는 어릴 때부터 돈벌이에 이용돼 결국 보잘것없는 마바리가 되었다. 똑똑한 사람에게 보내진 망아지의 운명은 매우 다르게 전개되었다. 이 말은 주인의 정성 어린 보살핌으로 커서 천 리를 내다보는 명마가 되었다."

다니엘 1장 8절에 보면 다니엘이 뜻을 세웠다고 했다. 왕의 음식과 그가 마시는 포도주로 자기를 더럽히지 아니하리라고 결단한 것이다. 그 결과 1장 20절에 보면 다른 박수와 술객보다 지혜가 열 배나 뛰어났다고 했다. 왕의 조서에 어인이 찍힌 것을 알고도 우상을 숭배하지 않아 사자 굴에 던져지기도 했지만 '오직 하나님만 믿는 신앙'을 가진 다니엘은 흔들리지 않았고 살아계신 하나님은 이를 지켰다.

'오직'의 사람 다니엘은 실제로 생존했던 우리와 성정이 같은 사람이다. 이런 후대를 남겨야 할 것이다. 성경과 성경 속 인물을 알고 손자 손녀를 키우는 조부모들은 '오직'의 자세로 격대교육에 임하면 좋겠다.

12. 공감 경청과 대화가 있는 가정

　얼마 전에 어느 권사님이 들려준 이야기다. 손주가 세 살이 되어 어린이집을 선택하는 가운데 며느리와 갈등을 겪었다고 한다. 며느리는 가깝고 편리한 곳에 있는 어린이집에 보내겠다고 했고, 권사님은 좀 멀지만 믿을 만한 사람이 하고 있기에 그곳으로 보내자고 하여 의견이 엇갈렸다. 서로 언성이 높아졌고, 결국 권사님이 양보하고 말았다고 한다. 일단 잘하셨다고 했다. 주 양육자는 부모이고, 조부모는 보조역할을 하기에 부모에게 주도권을 주는 것이 바람직하기 때문이다. 장난감을 사거나 책을 사는 작은 것부터 어린이집에 보내는 데까지 의견 차이가 생기면 상대방의 의견이 틀린 것이 아니라 다르다는 것을 먼저 인정하고 상대방의 말을 잘 들어보는 것이 순서다. 서로 다른 의견이 왜 생겼는지 이해하면서 자기 의견에 대한 대안도 제시해야 설득력이 있다. 감정적으로 말하다 보면 본인들이 생각지도 못한 엉뚱한 결과를 낳기도 하고, 뒤에 크게 후회하게 된다. 사람의 몸에 가장 중요한 곳 중 하나가 심장이다. 심장이 멈추면 사람은 죽기 때문이다. 국가나 사회에서 그 심장이 바로 가정이다. 가정이 무너지면 국가도 무너지기 쉽다. 이만큼 가정이 중요하다. 가정이 더 중요한 것은 후대와 연결되어 있기 때문이다. 후대를 키우는 산실인 가정에서 후대에 언약을 전달하는 격대교육이 이 시대에 꼭 필요하다. 만일 손주에게 언약을 전달하고 싶어도 손주의 부모, 즉 아들, 딸, 며느리, 사위와 갈등이 생기면 언약 전달이 어렵다. 이런 갈등의 문제에 도움이 되는 책으로 〈할머니의 꽤 괜찮은 육아/김신숙〉가 있는데, 이 책에 아래와 같이 '손주 돌봄 십계명'이 나와 있다.

 1. 아이의 안전을 최우선으로 돌보겠습니다.
 2. 조부모와 부모는 서로 상황을 수용하고 입장을 바꾸어 생각해 보겠습니다.
 3. 조부모가 건강하지 않으면 내 아이도 돌볼 수 없음을 기억하겠습니다.
 4. 조부모의 아이 돌봄 출퇴근 시간을 정해서 지키겠습니다.

5. 조부모의 개인 생활을 최대한 지원하겠습니다.

6. 손주를 키워주시는 조부모의 희생에 감사하겠습니다.

7. 조부모의 헌신과 희생에 대해 마음과 물질로 감사를 표현하겠습니다.

8. 솔직한 대화로 문제를 해결하겠습니다.

9. 손주 돌봄에 대한 가족회의를 하겠습니다.

10. 아이로 인해 더욱 행복해질 것입니다.

여기에 한 가지를 더 추가한다면 '공감적인 대화'이다. 조부모와 부모 사이에 의견이 다를 때, 의견이 틀린 것이 아니라 다르다는 것을 인정하는 것이 공감적인 대화의 시작이다. 공감적인 대화에서 가장 중요한 것은 상대방의 말을 잘 듣는 것이다. 상대방의 말을 얼마나 잘 듣는가의 정도에도 다음과 같이 단계별로 차이가 있다.

첫 번째 단계는 상대방의 말을 듣지 않고 무시하는 것이다. 아예 상대방과 소통하기를 원하지 않는 것으로 최악의 결과를 낳게 된다.

두 번째 단계는 듣는 척하는 것이다. 상대방의 말을 듣고 있는 것처럼 보이지만 자기 생각 속에 갇혀 있어서 실제로 그 내용을 알지 못한다. 상대방은 이를 곧 알아차리고 불편함을 느낄 것이고 대화는 지속될 수 없다.

세 번째 단계는 선택해서 듣는 것이다. 상대방의 말 중에서 듣고 싶은 것만 듣는 것으로, 계속 대화를 나누다 보면 상대방의 뜻을 오해하기도 하고, 일부는 기억을 못하게 된다. 그래서 때로는 서로 다투게 된다.
  네 번째 단계는 귀 기울여 듣는 것이다. 상대방의 말에 집중하면서 내용을 사실적으로 잘 듣기 때문에 비교적 바람직한 듣기라고 할 수 있다. 그러나 상대방의 말에 담겨 있는 깊은 의미를 파악하지 못하기 때문에 2% 부족하다.
  다섯 번째 단계는 공감적 듣기다. 공감적으로 듣는다는 것은 사실적인 내용에 집중하면서 상대방의 말 속에 숨은 뜻까지 헤아려서 듣는다는 뜻이다. 상대방이 왜 이런 말을 하는지, 그 이면에 무슨 뜻이 있는지 생각하면서 듣는 것으로 최고의 단계라고 할 수 있다. 이럴 때 상대방도 마음을 열고 대화에 임할 수 있다. 상대가 말하고 있는 도중에 자신이 할 말을 생각하고 있다면 공감적인 대화를 할 수 없다. 이것이 반복되면 서로 소통에 금이 가기 시작한다. 가장 가까운 가족 간의 대화에서 꼭 유념해야 하는 것이 공감적인 듣기와 대화이다.
  그 권사님의 이야기는 끝나지 않았다. 그 뒤에 며느리로부터 전화가 왔는데, 양쪽 어린이집을 방문해서 원장과 면담한 결과 어머니가 추천한 어린이집에 가기로 결정했다는 것이다. 한보 양보할 때 오히려 두 세 걸음 전진하게 된다는 교훈이다.

13. 어릴 때 읽은 책, 평생을 좌우한다.

"나는 글자를 알기 전에 먼저 책을 알았습니다. 어머니는 내가 잠들기 전 늘 머리맡에서 책을 읽고 계셨고, 어느 책들은 소리내어 읽어주시기도 했습니다. 특히 감기에 걸려 신열이 높아지는 시간에도 어머니는 소설책을 읽어주셨습니다. 겨울에는 지붕 위를 지나가는 밤바람 소리를 들으며, 여름에는 장맛비 소리를 들으면서 나는 어머니가 읽어주시는 책을 통해 상상의 세계로 빠져들었습니다. 좀 더 자라서 글을 익히고, 스스로 책을 읽게 되고, 무엇인가 글을 쓰기 시작한 뒤에도 나는 언제나 어머니의 손에 들려 있던 책을 기억합니다. 어머니가 들려주시던 그 환상의 책은 60년이 지난 지금 나의 서재에 수만 권의 책을 쌓게 했고, 수십 권의 책을 쓰게 하였습니다. 내가 매일 퍼내 쓸 수 있는 상상력의 우물을 가지고 있다면, 또 언어의 저울을 가지고 있다면, 그것은 오로지 어머니가 들려주신 책에서 비롯된 것입니다. 어머니는 내 환상의 도서관이었으며, 최초의 시요, 끝나지 않는 길고 긴 이야기책이었습니다."

 국문학자이자 문화부 장관을 역임했던 이어령 박사의 고백이다. 어릴 때 늘 책을 읽고 있는 어머니의 모습과 잠자기 전 어머니가 읽어준 책은 이어령 박사의 인생을 가장 가치 있고 보람되게 확립해 가도록 이정표 역할을 했다. 우리나라 부모는 자식을 성공시키기 위해 무엇이든 다 하려고 한다. 불법인 줄 알면서도 특별 과외를 몰래 하는 사람도 있다. 이런 과외 교사는 아이의 인생을 바르게 이끄는 검증된 교사라고 말할 수 없다.

 가장 객관적으로 검증된 교사는 세계적인 베스트셀러 작가인 고전의 저자다. 이들을 만나서 대화를 나누고 그들의 특별 과외를 받는 것이 최상이다. 플라톤의 국가론과 공자의 논어를 읽을 때, 최고의 선생님을 만나는 것이다. 우주를 가르치는 최고의 교사는 〈코스모스〉의 저자 '칼 세이건'을 꼽을 수 있다. 이 책을 읽으면 우주를 알 수 있다. 이 세상에 최고의 시인은 시편의 저자 다윗이라고 생각한다. 시편을 많이 읽고 외운 아이는 영혼이 맑고 아름다워 그의 입을 통해 나오는 말은 시적詩的인 언어요, 사람을 살리는 말이 된다.

 얼마 전 세계적 석학, 장하석 케임브리지 대학교 석좌교수가 EBS 특별기획 〈장하석의 과학, 철학을 만나다〉에 초청되어 과학지식의 본질과 문제들을 여러 가지 시각에서 강의를 한 바 있다. '나쁜 사마리아인'의 저자인 그의 동생 장하준 교수도 케임브리지 대학교 교수로, 케임브리지 대학의 700여 년 역사상 형제 교수는 처음이라고 한다. 장하석 교수는 중학교 2학년 때 '칼 세이건'의 〈코스모스〉를 원서로 열두 번이나 읽고, 저자에게 편지를 쓴 후 그 답장을 받았다고 한다. 형 못지않게 동생 장하준 교수도 독서광이었는데, 초등학교 때 도서관에서 대학생이 읽기 힘든 책을 빌려와서 한 시간에 250페이지를 읽었다고 한다. 아버지 장재식 전 산업자원부 장관에게 두 아들을 어떻게 키웠냐고 물었더니,

"아이들에게 공부를 어떻게 하라고 가르친 적은 없지만, 손에서 책을 놓지 않고 중요한 부분은 밑줄을 치는 내 오랜 습관을 보고 감명을 받았을 것"이라며, 평소 아이들에게 '실력을 키울 것, 운동을 할 것, 타인을 사랑할 것, 건전한 취미를 가질 것', 이 4가지를 강조했다고 한다.

이 세상에 태어나 가장 먼저 만나게 된 아버지의 독서 습관이 아들을 독서의 세계로 빠져들게 했다. 어릴 때 보고 듣고 배운 것은 뇌와 뼛속에 각인되어 일평생 자연스럽게 표출된다고 한다. 주위에 둘러보면 사회에 영향력

을 주는 인물들 대부분은 어릴 때 책 읽기에 빠졌다는 것을 알 수 있다.

KBS2 TV '옥탑방의 문제아들' 프로그램을 본 적이 있는데, 이런 문제가 나왔다. "독일의 대 문학가 괴테를 길러낸 어머니의 독특한 독서교육 방법은 무엇인가요?" 정답은 '책을 클라이맥스까지만 읽어주고 결말은 스스로 상상하게 한다'였다.

잠자기 전에 괴테 어머니는 아들에게 책을 읽어주었는데, 끝까지 읽어주지 않고 가장 흥미롭고 궁금한 대목에서 멈추고는 아들 스스로 상상하도록 만들었다. 아들은 그 뒤의 이야기 전개가 어떻게 될 것인지 궁금하게 되며, 끝없는 상상을 하면서 여러 결말을 상상하게 된다. 어머니의 교육 방법이 괴테로 하여금 문학적 상상력을 키워 세계 최고의 대문호로 만든 것이다. 작품 〈파우스트〉가 하루아침에 만들어진 것이 아니다.

위의 사례들을 볼 때, 어릴 때 양육자의 역할이 얼마나 중요한지 알 수 있다. 오늘날 부모 대신 조부모와 친척에 의해 양육 받는 아이들이 많다. 양육자가 항상 손에 책을 들고, 가정이 책 읽는 분위기가 되도록 해보자. 아이가 글을 깨치면 그때부터 같이 책을 읽고 포럼하며 소감문을 써보자.

다음은 18년간의 유배 생활 동안 두 자녀에게 100여 통의 편지를 보냈던 다산 정약용의 말이다.

"소매가 길어야 춤을 잘 추고 돈이 많아야 장사를 잘하듯 머릿속에 책이 5천 권 이상 들어있어야 세상을 제대로 뚫어보고 지혜롭게 판단할 수 있다."

14. 존중의 가치를 알고 실천하는 아이

최근에 아주 근사한 청년을 만났다. 자세가 바르고 공손하며 말에 진정성이 담겨 있어 나 자신이 오히려 공손하게 경청할 정도였다. 내가 말할 때마다 잘 듣고 자신의 의견을 조심스럽게 말했는데, 강하게 주장을 하지 않는데도 새겨들을 수밖에 없는 힘이 있었다. 가정환경에 관해 물어보니 어렸을 때부터 부모가 직장에 출근하면 가까운 곳에 살고 계신 할아버지 할머니 댁에 가서 놀았다고 했다. 할아버지 할머니는 자기를 하나의 인격체로 인정하셨는지 늘 반쯤은 존대어를 쓰셨다고 했다. 아버지는 좀 엄격해서 어디에 가든지 항상 말과 행동을 바르게 해야 하며, 어른을 공경하고, 친한 친구나 손아랫 사람들도 존중해야 한다고 가르쳤다고 했다. 아버지의 훈육으로 가끔 숨이 막히기도 했지만, 그때마다 할아버지, 할머니가 아버지의 가르침을 잘 풀어서 설명해 주셔서 가슴이 확 뚫렸다고 했다. 그 할아버지와 할머니는 하나님이 어떤 분인가를 알고 계셨던 것 같다. 하나님도 우리 인간을 존중하여 귀히 여긴다는 걸 말씀을 통해 알 수 있다.

"여호와께서 네게 복을 주시고 너를 지키시기를 비노라. 여호와께서 그 얼굴을 네게 비추시고 네게 은혜 베푸시기를 비노라. 여호와께서 그 얼굴을 너를 향해 드시고 네게 평강을 주시기를 비노라."**(민수기 6장 24-26절)** 여호와께서 그의 얼굴을 드시고 빌었다는 것은 언약의 백성을 존중하신다는 뜻이다. 존중하는 하나님을 본받아 그 청년의 할아버지와 할머니도 손주를 존중했다고 생각했다. 할아버지 할머니한테서 존중받고 자란 그 청년의 미래가 기대되었다.

 몇 년 전 어느 회의에 참석했는데, 회의가 무엇인지 기본절차도 모르는 사람들이었다. 단상에서 보고하고 질문을 받는 과정이었다. 참석한 회원은 기본적으로 손을 들거나 의견을 내겠다는 표시를 한 후 일어서서 자기 의견을 내는 게 상식이다. 몇몇 회원은 그냥 앉아서 툭툭 말을 던졌다. 젊잖게 격식을 갖추라고 했더니 편하게 의견 주고받아야 한다며 기분 나빠했다. 이것은 회의에 참석한 사람들의 잘못도 있지만, 가정과 학교에서 제대로 가르치지 못한 결과이다.

옛날에는 학교에서 매주 학급회의를 개최했다. 회의를 거쳐 한 주간의 주훈과 실천 사항을 정하며, 마지막에는 담임교사의 지도 조언이 있었다. 민주 시민의식이 있는 교사와 율법적이고 권위만 가진 교사는 회의 진행을 지도하는 과정에서 확연히 차이가 났다. 학급회의에 참석하여 안건 처리 과정을 세밀히 메모해서 지도 조언 때 꼼꼼히 가르치는 교사가 있는 반면, 회의에 참석도 하지 않거나, 참석하더라도 얼렁뚱땅 넘어가는 교사가 많았다. 대충 넘어갔던 교사들 때문에, 오늘날 국회 의사당의 회의 문화가 후진성을 벗어나지 못하고 있다.

가정에서 가장의 자리가 없어진 것도 영향이 크다. 가정에서 최고 어른이 가장이다. 가장이 가족회의를 진행하는 방법을 알고 있어서, 가족들을 잘 이끌어야 한다. 상대방의 의견을 잘 경청해야 하며, 자기 의견을 말할 때는 공손하게 말해야 한다는 걸 아이들에게 심어줘야 한다. 가족회의나 가족 포럼을 잘하는 가정은 문화 수준이 높다고 할 수 있다. 가정이나 학교에서 포럼이나 회의를 진행할 때 가장 기본적으로 선행되어야 하는 것은 상대방에 대한 존중이다. 이것이 자신의 자존감을 높일 수 있다는 걸 알 때, 비로소 존중의 가치를 알게 된다.

슈물리 보테악은 〈유태인 가족대화〉에서 자기의 자녀

에게 이렇게 말했다.

"너희는 무한한 존중을 받아야 해. 그리고 무한한 존엄성을 지닌 채 태어났단다. 너희 안에는 정말 엄청난 능력이 있단다. 사람들이 자신을 특별하게 여기도록 하는 힘, 그것도 그들에게 있어 중요한 곳에서 말이야. 이건 그 무엇보다 중요한 능력이야. 너희에게는 그런 능력이 있어. 그리고 그 능력을 발휘하는 것이 너희가 할 일이란다. 너희는 살면서 다른 사람을 존중하고 이를 표현하려고 노력해야 해."

다른 사람에게 존중하고 있음을 나타내는 것보다 더 큰 선물은 없고. 자신이 남을 존중하고 있음을 깨달았을 때보다 더 큰 만족은 없다. 우리가 만나는 모든 사람의 자존감을 올려주는 것보다 더 큰 성취감도 없다. 우리는 실제로 다른 사람을 존중함으로써 그 사람의 인생을 바꿀 수 있고, 품위 있게 행동함으로써 우리 자신의 삶을 바꿀 수 있다고 저자는 말하고 있다.

누군가의 도덕성을 알고 싶으면 자신에게 중요하지 않은 사람들에게 어떻게 대하는지를 보면 된다. 사람을 외모로 판단하지 않는다는 뜻이다. 지위가 높거나 돈이 많은 사람과 그렇지 않은 사람을 똑같이 대할 때, 이를 본 우리의 후대는 하나님 자녀의 올바른 정체성을 갖게 되며, 모든 사람을 존중하게 된다.

하나님이 창조한 모든 사람은 하나님의 형상대로 창조

되었기에 마땅히 존중받아야 한다. 후대교육하는 부모와 조부모가 영혼 사랑하는 마음을 갖고 모든 사람을 존중할 때, 우리 아이도 자연스럽게 존중의 가치를 알게 되고 실천하게 된다.

15. 거짓말하는 아이는 어떻게 해야 할까

 아이가 거짓말한다는 것을 알게 되었을 때 양육자는 참으로 난감하다. 어느 날 아이가 다음과 같이 거짓말하는 것을 알게 되었다고 해보자. 식사 전에 과자를 먹지 않기로 규칙을 정했는데 몰래 과자를 먹었다.
 "얘야, 너 과자를 먹었니?" 아이는 아니라고 고개를 저으며 강하게 부인한다. 이때 할아버지와 할머니, 부모 사이의 의견이 일치해야 한다. 아이 편에 서서 그냥 넘어가자고 하면 교육은 실패한다. "얘야, 네가 과자를 먹었는지 안 먹었는지의 사실을 말해주면 좋겠다. 할아버지와 할머니는 보지 못했지만, 하나님은 모두 보고 계시거든. 할아버지와 할머니는 거짓말하는 아이는 싫어한단다." 아주 엄숙한 표정을 지으면서 말해야 한다.
 "얘야, 너 자신을 바꿀 수 있는 사람은 이 세상에 아무도 없단다. 오직 하나님과 너 자신만이 너를 바꿀 수 있어. 할아버지와 할머니는 네가 아주 아름답고 고상한 품성을 갖고 지성을 갖춘 숙녀가 되길 원한단다. 아름답고 고상한 품성을 갖고 지성을 갖춘 숙녀는 하나님이 가장 기뻐하신다. 거짓말하는 것을 하나님이 아주 싫어하신다."라고 말해준다. 아이가 사실을 자백하면 꾸짖지 말고 칭찬하며 다음부터는 그러지 않도록 온화하게 다짐하고 아무 일도 없었던 것처럼 일상생활의 삶으로 돌아간다.

 거짓말은 사람들과의 좋은 관계를 무너뜨리고 서로 불신하게 만들며, 상대방을 존중하지 않는다는 뜻이기 때문에 거짓말하는 사람과 기분 좋게 어울리는 것은 불가능하다. 아이를 성실하고 정직한 사람으로 키우려면 어릴 때부터 엄격하게 교육해야 한다. 많은 아이가 어릴 때부터 고의건 고의가 아니건 거짓말을 하는데, 대부분은 부모에게 혼나지 않기 위한 거짓말을 많이 한다. 따라서 아이의 내면을 세심하게 이해하고 왜 거짓말을 하는지 원인을 파악한 뒤에 합리적으로 지도해야 한다.

 아이가 어릴 때 바르게 고치지 않으면 나중에는 더 고치기 힘들다. 어려서 잘 모를 거라고 단정하면 안 된다. 알 것은 다 안다. 아이가 어릴 때는, 엄격한 교육을 통해 엄격한 생활 습관을 갖게 해도 크게 불편해하거나 고통스러워하지 않는다. 영국에선 거짓말쟁이라는 소리를 듣는 것이 가장 치욕적이라고 한다. 영국의 철학자이자 교육학자인 존 로크의 영향을 받은 것 같다. 그의 책 〈교육론〉을 보면, 아이가 거짓말을 하면 온 집안 식구들이 마치 혐오스러운 벌레를 본 것처럼 깜짝 놀라서 한마디씩 한다고 한다. 아이는 '이 세상에서 거짓말하는 것이 가장 나쁘구나!'를 깨닫고 이것이 각인된다.

〈성품 좋은 아이로 키우는 자녀 훈계법/이영숙〉에 따르면, 자녀들이 과장된 말이나 사실에 근거하지 않은 말을 했을 때는 다음과 같은 훈계의 단계를 밟아야 한다고 한다.

1단계) 자녀들에게 진실함에 관한 성경 말씀을 들려준다. 그런 다음에, "하나님 아버지는 거짓말을 하지 않으셔. 그분은 우리가 항상 진실하기를 원하신단다. 엄마는 항상 네 곁에 없지만, 하나님 아버지는 우리가 거짓말하는 것을 아신단다."라고 가르쳐 준다.

2단계) 거짓과 진실이 무엇인지를 알려준다.

자녀들이 거짓말할 때 부모들은 무조건 꾸중하기보다는 거짓과 진실을 구별할 수 있도록 도와주어야 한다. 거짓말을 하거나 숨기는 것보다 솔직하게 말하는 것이 훨씬 착한 일이라는 것을 말해주어야 한다.

3단계) 거짓말하는 것에 대하여 하나님께 용서를 구하는 기도를 하게 한다. 거짓말한 것에 대해서 하나님께 용서받을 수 있다.

 4단계) 자녀가 거짓말을 한 상대방에게 사과하며 용서를 구하게 한다. 자녀에게 진실을 가르쳐 주기 위해서는 아이의 양심을 발달시키는 것이 중요하다. '양심이란 마음에 새겨진 옳고 그름에 대한 표준'이다. 양심이 있으면 잘못된 행동을 할 때 죄책감이 들게 된다. 반면에 올바른 행동을 할 때는 양심이 자신감을 갖도록 격려해 준다.

 자녀의 거짓말을 예방하기 위해서는 자녀가 솔직하게 잘못을 말했을 때는 칭찬을 해주는 것이 좋다. 부모 스스로 자신이 느끼는 감정이나 생각을 자녀에게 솔직하게 말한다면 진실한 아이로 키울 수 있다.

 "내 입술을 열어 정직을 내리라 내 입은 진실을 말하며 내 입술은 악을 미워하느니라."(잠언 8장 6-7절)

16. 하나님께 쓰임 받는 인물로 키우려면

 하나님은 모든 사람 각자에게 기회를 주시는데, 자신에게 다가온 기회를 알아차리지 못하고 놓치는 경우가 많다. 그 기회를 놓치지 않고 붙잡는 사람들이 있다. 철들기 전 어릴 때 인턴십이 대개 이런 기회를 붙잡는 계기가 된다. 다윗은 어릴 때 양을 치는 목동이었는데, 당시 목동들은 물맷돌을 사용하여 들짐승으로부터 양을 지켰다. 다윗은 다른 목동들과 달리 하나님을 사랑하고 경외하는 하나님의 사람이었다. '여호와는 나의 목자시니 내게 부족함이 없으리로다.' 고백과 함께 물맷돌로 들짐승을 쫓아버리며 양을 지켰다. 성경을 통해서 당시 하나님의 계획을 확인할 수 있다. 그때 이스라엘을 괴롭히는 블레셋 강대국이 있었고, 가드 출신의 골리앗이 블레셋 장수였다. 하나님은 먼 미래에 블레셋 장수 골리앗을 무너뜨리기 위한 계획을 세우시고, 이스라엘의 어린 소년들에게 양을 지키는 도구로 물맷돌을 주어 훈련하게 했다. 모든 이스라엘 어린이에게 공평하게 성공할 수 있도록 기회를 준 것이다. 정상에 이르는 자세를 서밋의 자세(summit attitude)라고 한다. 정상에 이르는 그릇은 서밋의 그릇(summit bowl)이다. 이것을 준비하고 성취하는 것은 누구나 할 수 있는 일이 아니다. 하나님이 주신 힘을 얻어야 가능하다. 하나님이 주시는 힘을 얻기 위해서는 하나님의 말씀을 언약으로 붙잡고 기도하며 말씀을 성취하는 것이다. 다윗은 서밋의 시간(summit time)을 놓치지 않았다. 하나님 앞에서 자세를 갖추고 먼저 체력을 길렀다. 체력이 약하면 연습도 하지 못할뿐더러 물맷돌을 던져도 상대를 쓰러뜨릴 수가 없다. 과녁에 정확히 맞추기 위해서, 즉 명중률을 높이기 위해 물맷돌을 정교하고도 정확하게 던지는 연습을 했다. 사자와 곰의 급소를 쳐서 그 입에서 양을 되찾아올 정도로 힘과 정교함을 갖추는 것에 집중한 것이다. 마침내 하나님의 시간표가 되어 이스라엘과 블레셋의 전쟁터에 나섰다. 골리앗은 투구와 갑옷을 입은 장수였다. 오직 빈 곳은 이마뿐이었고, 그곳을 정통으로 맞혀야 했다. 다윗에겐 식은 죽 먹기였다. 평소에 사자와 곰으로부터 양을 지키기 위해 갈고닦은 실력 덕분이다. 시편 78

편 70절에서 72절까지 보면 다윗을 택한 이유가 나와 있다. 양을 지키는 작은 것에 마음의 완전함과 손의 능숙함을 다하는 다윗에게 마침내 이스라엘 나라를 맡기신 하나님이셨다. 당시 99%의 이스라엘 목동들은 이런 서밋의 시간(summit time)을 놓쳤고, 준비를 못해서 자세를 갖추지 못했다. 현재 하는 일이 장래 어떻게 연결될지 알지 못한다. 현재 맡은 일에 최선을 다하는 것이 서밋의 자세(summit attitude)이다.

　북유럽 스웨덴에 가면 세계적으로 존경받는 부자 가문이 있는데, 발렌베리 가문이다. 국민으로부터 존경받는 이유는 노블레스 오블리주의 정신으로 수익의 일정 부분을 사회에 내놓았기 때문이다. 5대에 걸쳐 150년간 명문가를 유지하고 있다. 발렌베리 가문의 역사는 안드레 오스카 발렌베리가 1856년 스톡홀름 엔스킬다 은행(SEB)을 설립하면서부터 시작되었다. 금융업에서 출발해 전자, 트럭, 의료 장비, 제지, 산업 공구, 베어링, 원자력, 항공기, 정보 산업에 이르는 11개 핵심 업체를 보유한 대기업으로 성장했다. 오늘날 발렌베리 가문이 있게 된 것은 결코 우연이 아니다. 분명 서밋의 자리에서 서밋 타임, 서밋 자세와 서밋의 그릇을 갖춘 결과라고 생각한다. 서밋의 자리는 누구에게나 똑같이 주어진다. 서밋 타임을 알아차리고 자세를 갖추는 것은 쉽지 않다. 발렌베리 가문은 서밋의 자리에서 서밋의 그릇을 갖추도록 일부러 자녀들에게 혹독한 시련을 겪게 했다. 매주 일요일 아침마다 할아버지가 손주들을 데리고 숲을 산책하면서 위인들의 이야기와 선조들의 업적을 들려주었다. 사업적인 감각을 어릴 때부터 키우기 위해 가정을 방문한 손님들에게 양해를 얻어 그 자리에 참석하여 대화에 임하게 함으로써 세상의 흐름을 알 수 있도록 했다. 이것이 바로 격대교육이다. 리더십과 강한 정신력을 가진 리더로 키우기 위해 해군사관학교에 입학시키고, 해군 장교의 복무를 통해 리더십을 갖게 했다. 그 이후 미국, 영국 등 세계적인 명문대학에서 경영학 석사과정(MBA)을 거치고, 국제적인 금융회사에 취업하여 인맥 네트워크를 갖도록 한 것도 서밋의 그릇을 만드는 과정이다. 강한 정신력과 열정, 리더십, 도덕성, 애국심까지 갖춘 후대를 준비하였기 때문에 오늘날 명문가로 인정받고 있다. 발렌베리 가문이 명문가로서의 위치를 지속할 수 있는 것은 서밋의 자리를 귀히 여기며 후대에 서밋 시간과 자세를 갖추도록 한 격대교육이 중요한 몫을 차지하고 있다.

17. 포럼의 식탁을 시작하는 가정

　포럼(forum)은 표준어 국어대사전에 보면 두 가지 뜻을 갖고 있다.

　첫째는 장소 개념으로 고대 로마 시대의 공공 집회 광장을 말하며, 당시 주위에 주랑柱廊, 바실리카, 신전, 상점이 늘어서 있어서 정치·경제의 중심을 이루었다.

　둘째는 고대 로마에서 행하던 토의 방식의 하나로, 사회자의 지도 아래 한 사람 또는 여러 사람이 연설한 다음, 그에 대하여 청중이 질문하면서 토론을 진행하는 것이다.

　우리가 성경을 읽거나 예배를 드리고 나서 은혜를 나눌 때, 혹은 책을 읽거나 영화를 보고 나서 자기가 느낀 것을 나눌 때는 두 번째 뜻의 포럼에 해당한다. 가족이 집에서 포럼의 식탁을 가질 때 다음 다섯 가지 축복이 있다고 본다.

 첫째는 영적인 축복이다. 예배를 드리거나 성경을 읽은 후 말씀을 포럼 할 때 받게 되는 축복이다.

 둘째는 육신적 건강의 축복이다. 집밥을 먹으면 조미료를 많이 사용하는 바깥 음식을 피할 수 있다.

 셋째는 정신적 건강의 축복이다. 사랑하는 가족들과 함께 따뜻한 분위기에서 포럼 하게 되니, 기쁘고 행복하여 인성 함양에 도움이 된다.

 넷째는 지적인 축복을 받을 수 있다. 다양한 독서를 통해 지식을 얻게 된 개인이 포럼 할 때, 자신의 지식뿐 아니라 다른 사람이 알고 있는 것을 확인할 수 있기에, 메타인지의 시너지가 발생하여 전문성을 가질 수 있다.

 마지막 다섯 번째는 복음 왕가의 축복 속으로 들어갈 수 있다.

 이렇게 가정에서 실시하는 포럼의 식탁은 영적, 육신적, 정신적, 지적인 축복과 복음 왕가의 시작이 될 수 있는 축복이 되고, 가족 간의 사랑을 결속시키는 역할을 한다. 복음 가진 가정은 매주 금요일이나 토요일 저녁에 포럼의 식탁을 실시하면 좋다. 올바른 포럼의 효과를 얻기 위해서 몇 가지 지켜야 할 사항이 있다. 포럼을 주도하는 사람이 설교나 훈계를 해서는 안 된다. 되도록 말을 적게 하고 포럼에 참석하는 가족들의 말을 잘 경청하는 것이 좋다. 경청한다는 것은 귀담아 잘 듣는다는 뜻이다. 어떤 사람이 잘 들을 수 있을까? 사람을 존중하는 사람이 잘 들을 수 있다. 다섯 살밖에 안 되는 아이 일지라도 존중하면서 잘 들어야 한다. 포럼에 참석하는 사람은 성격과 기질이 다르고 생각이 다르다. 개인의 의견이나 포럼 내용이 틀린 것이 아니라 다르다는 것을 인정해야 한다.

 모든 사람이 보편성을 갖고 있지만, 개인마다 각기 다른 개성을 갖고 있다. 이 개성은 유일성에 해당한다. 모든 사람은 존엄성이 인정되어야 한다. 태어난 지 얼마 안 된 아기라 할지라도 마찬가지다. 대화를 나눌 때 약간의 기술이 필요하다. 되도록 질문을 많이 하는 것이 좋다.

 개방적 대화와 폐쇄적 대화가 있다. 개방적 대화란 '어떻게'라는 질문으로 상대방으로부터 구체적인 대답을 기대하는 것이고, 폐쇄적 대화란 상대방으로부터 '예' 혹은 '아니오'라는 대답을 끌어내는 질문이다. 예를 들어, "오늘 유치원에서 선생님께 어떤 질문을 했니?"라고 물었을 때, 아이는 구체적으로 질문 내용을 말하게 된다. 반면에 "오늘 유치원에서 선생님께 질문했니?" "네", "아뇨"로 대답하면 폐쇄적인 질문이다. 이어서 "어떤 질문을 했니?"라고 묻는다면 개방적인 질문으로 전환된다.

대화할 때 부정적인 말보다는 긍정적인 말을 많이 하도록 한다. 말은 뇌에 각인되고 사람의 행동까지 바꿀 힘이 있다. 문제 해결 능력을 키우기 위해서는 아이에게 해결책을 바로 답하지 말고 되물어 질문하며 아이 스스로 해결하도록 돕는 것이 좋다. '포럼의 식탁'은 가족 간의 소통에 큰 도움이 될 뿐만 아니라, 달란트를 찾아 전문가의 유일성을 갖게 되는 데 큰 도움이 되리라 확신한다.

18. 우리 자녀가 무언가를 선택할 때의 기준

 우리는 항상 선택을 통해 미래로 나아간다. 어떨땐 한 번의 선택이 한 사람의 인생을 결정짓기도 한다. 하나님의 자녀가 말씀을 따라 살아가야 하는 이유는 선택의 주체가 하나님이어야 바른 선택을 할 수 있기 때문이다.
 우리 인간은 만물과 달리 하나님의 형상대로 창조되었다. 하나님의 형상대로 창조되었다는 것은 우리 인간에게 자유의지가 주어졌다는 뜻이다. 하나님의 형상대로 창조되지 않고, 자유의지가 없다면 하나님은 선악을 알게 하는 나무를 처음부터 만들지도 않았을 뿐만 아니라, 아담과 하와가 먹지 않도록 조종할 수 있었다. 자유의지를 주었기 때문에 하와는 선악을 알게 하는 나무의 열매를 따 먹기로 선택한 것이다. 하나님은 여자의 후손 그리스도를 통하여 새로운 생명의 길로 인도하셨다. 우리 인간은 문제와 사건을 만날 때마다 선택의 기로에 선다. 누군가 우리의 삶은 b와 d사이에 c의 삶이라고 했다. 즉 birth(탄생)과 death(죽음) 사이에 choice(선택)의 삶이란 뜻이다. 그 선택에 따라 결과는 달라지게 마련이다. 하나님의 자녀는 하나님이 원하시는 것에 기준을 두고 자유의지로 선택하지만, 불신자는 자신에게 이익이 되는 쪽으로 생각하고 자기 경험을 통해 옳다고 판단해서 선택한다. 하나님 자녀는 하나님의 계획 속에서 그 결과에 따라 인도받지만, 불신자는 그 선택의 결과를 사탄이 원하는 방향으로 가게 된다. 1966년 4월 30일 캘리포니아 샌프란시스코에 '사탄교회'를 세운 안톤 라베이가 쓴 사탄경 1장 1절에 의하면 '네가 네 인생의 주인이라'라고 되어있다. 성경은 창세기 1장 1절에 "하나님께서 천지를 창조 하시니라"라고 되어있다. 성경은 하나님이 창조주지만 사탄경에서는 인간이 주인이자 신이기에 인간의 뜻대로 사는 게 옳다고 인도한다. 구원받은 하나님의 자녀는 어떤 선택을 하게 되더라도 하나님은 그 결과에 대해 옳은 길로 인도하신다. 비록 잘못된 선택을 하더라도 또다시 새로운 기회를 주신다는 뜻이기도 하고, 그의 그릇에 맞게 목표를 맞추어 인도하신다는 것이다.

  평소에 공부를 열심히 하지 않던 학생이 마음먹고 열심

히 공부했는데도 시험에 떨어졌을 때, 하나님을 향해 불평하는 경우가 많다. 그럴 때 하나님은 그에게 맞는 다른 길을 예비하고 인도하신다. 항상 수석의 자리에 머물 만큼 평소에 공부를 잘하는 학생은 이에 맞는 응답을 주신다. 다윗은 양을 지킬 만한 능력을 평소에 갖고 있었기에, 골리앗을 무너뜨리고 왕이 될 수 있었다. 어떤 목동이 어느 날 오늘부터 열심히 물맷돌을 연습하여 양을 지켜야지 하며 도전하게 되면 그 동네 촌장쯤은 될 수 있다. 촌장을 낮추어 말하는 게 아니라 이에 맞는 응답을 주신다는 뜻이다. 현재 국회의원 중에 동네 이장부터 시작하여 장관까지 오른 사람도 있다. 일심, 전심, 지속이 계속되는 만큼 하나님은 더 큰 사명을 맡기신다.

 베들레헴에 기근이 들어 모압 땅으로 내려간 엘리멜렉과 나오미 가족은 잘못된 선택을 했다. 하나님은 그 잘못된 선택에도 불구하고 또 다른 기회를 주셨다. 남편과 아들 둘까지 잃은 나오미가 고향 땅 베들레헴으로 돌아오는 과정에 며느리 룻이 언약의 사람으로 탁월한 선택을 한 것이다. 보아스를 만나서 결혼에 이르기까지 룻에겐 숱한 선택이 있었지만, 어머니의 말씀에 순종하는, 즉 하나님이 원하시는 선택을 했기 때문에 다윗왕의 증조할머니가 된 것이다.

어린 다윗이 선택한 것은 살아계신 하나님과 항상 함께 하겠다는 믿음의 결단과 양 한 마리도 잃어버리지 않고 지키겠다는 책임감이었다. 그 결과 대적 골리앗을 무너뜨리고 왕의 자리까지 올랐다. 우리 자녀가 순간순간 선택을 할 때, 자신의 이익에 따른 선택이 아니라 하나님이 원하시는 데에 초점을 맞추어 선택하도록 가르쳐야 한다. 책을 읽고, 공부를 하고, 운동을 하고, 음악을 듣고, 친구를 사귀고, 가정에서와 학교생활 중에 무엇을 할지라도 하나님께 영광 돌리기 위해 선택한다면 하나님은 올바른 길로 인도하신다. 세상에서 살지만, 하나님 앞에서 사람의 말에 휘둘리지 않고 하나님의 말씀에 준거해서 선택할 때, 다윗과 다니엘, 에스더와 같이 하나님께 쓰임 받게 될 것이다.

19. 자식에 대한 부모 편애는 아이에게 상처

　형제 자매가 많을 때 부모가 편애하는 자녀가 한 두 명은 꼭 있다. 연구 자료에 따르면 결혼하여 처음으로 낳은 맏이거나 연약한 막내를 편애한다고 한다. 둘째가 홀대를 받는 경우가 많다. 요즘에는 자녀가 한 두 명밖에 안 되기 때문에 막내라는 개념이 사라지고 있는데, 이럴 때는 아들이냐 딸이냐에 따라 좀 달라진다. 옛날엔 대를 잇는 아들을 선호했지만, 요즈음에는 딸을 원하는 사람들이 많다. 같은 아들이나 딸이지만 부모의 말을 잘 듣고 공부를 열심히 잘하는 자녀를 편애하는 경향이 더 많다.
　1980년대 말, 남자 인문계 고등학교에서 교사로 근무할 때 있었던 일이다. 1학년 신입생 반을 맡게 되었고, 맡은 지 얼마 되지 않은 학기 초에 40대 중반 정도의 한 학부모가 학교에 방문해서 면담하게 되었다. 내가 맡은 반

학생의 어머니였다. 당연히 입학한 아들에 대한 상담이 되어야 하는데, 웬일인지 입학한 둘째 아들보다 큰 아들 자랑이 더 많았다. 큰 아들이 공부를 잘해서 올해 서울 대학교에 들어갔다는 것이다. 아, 그러냐고 축하를 하면서 형 덕분에 동생도 공부와 진학에 도움이 되겠다고 했더니 의외의 반응이었다. 이 둘째는 어떻게 된 셈인지 공부도 안 하고 심지어 좀 모자란 게 아닌가 생각이 든다는 거였다. 이 둘째 때문에 자존심이 상하여 친구들에게 소개하고 싶지도 않을뿐더러, 가끔 친구들이 집에 놀러 오면 둘째는 방안에 그대로 있도록 했다는 것이었다. 그러잖아도 그 학생의 얼굴에 그늘이 드리워져 있었는데 면담을 통해 그 이유를 알게 되었다. 그 당시 나는 혈기 왕성했던 젊은 교사였던 고로, 그 학부모의 형에 대한 편애에 화가 났다. 계속 그렇게 한다면 이 둘째는 삐뚤어져 엉뚱한 방향으로 갈 수밖에 없으므로 당장 그만두라고 했다. 너무 강하게 말해서인지 그 후부터 면담은 커녕 전화도 오지 않았다. 수년 뒤 한국교원대학교에서 전문상담교사 자격연수를 받게 되었는데, 그때 상담을 잘못했다는 걸 깨달았다. 큰아들 서울대 입학식에 다녀온 후 한층 들떠 있는 어머니의 감정을 이해하고 공감하면서, 둘째 아들의 자존감을 회복할 수 있도록 도와 달라고 부탁을 해야 했다. 형과 어머니 때문에 자존감이 떨어진 그 학생은 가정에서 인정받지 못해 바깥으로 나돌 수밖에 없었다. 고학년에 올라가면서 사고를 치고, 정학도 당하면서 졸업 후, 바로 군대 입대를 했다고 들었다. 실제로 그 형을 만나보진 않았지만, 그 형도 문제가 없지는 않았을 것이다. 부모의 편애를 받는 아이도 상처 받을 수 있다. 자신이 특별하고 남들과 다르다는 배타적인 자신감을 가지면 사회에 나가서 공동체 생활에 적응하기 힘들다. 남들은 안 되지만 나는 특별하니까 해도 된다는 믿음이 비도덕적인 행동을 낳게 되고 결국 사회에서 낙오자가 될 수 있다. 편애는 사랑받는 아이건, 사랑받지 못한 아이건 상관없이 장기적으로 부정적인 영향을 끼치게 된다.

 부모는 아이들을 공평하게 대하는 훈련이 필요하다. 절대로 비교하면 안 된다. 아이 자신이 부모로부터 인정받고 있다는 느낌을 받도록 해야 한다. 성경에 보면 이삭의 쌍둥이 아들 '에서'와 '야곱'이 나온다. 에서는 남자답고 사냥도 잘해서 아버지 이삭은 장남인 에서를 좋아하고 야곱을 별로 좋아하지 않았던 것 같다. 창세기 27장에 보면 나이 많아 늙은 이삭이 에서에게 사냥을 해오라 했다. 사냥한 음식을 먹으며 죽기 전에 장남에게 축복하고자 한 것이다. 이 말을 듣고 야곱을 사랑하는 어머니 리브가는

에서에게 주고자 한 축복을 야곱이 받도록 하였다. 결국, 이 사실을 알게 된 에서는 화를 불같이 내며 동생 야곱을 죽이려고 했고, 야곱은 하란에 있는 외삼촌 라반의 집으로 도망가게 되었다. 야곱은 언약의 백성이기 때문에 그 후 하나님의 계획 속에서 하나님의 나라를 확장하는 데 쓰임 받게 되었다.

창세기 1장 27절과 28절에 보면 인간을 하나님의 형상으로 만드셨고, 만물을 정복하고 다스리는 왕의 존재로 창조하셨다. 십자가에서 모든 것을 다 이루신(요한복음 19장 30절) 예수 그리스도께서 부활하셨고, 부활하신 예수님이 승천하여 성령을 보내셨는데, 예수 그리스도를 구주로 영접한 사람은 모두 성령의 사람으로 하나님의 자녀가 되는 신분과 권세를 가졌다(요한복음 1장 12절). 모든 문제 해결자인 예수 그리스도로 말미암아 하나님의 형상을 회복한 우리는 모두 존중받아야 할 거룩한 존재다.

20. 효도하는 자녀는 만들어질 수 있는가

얼마 전 한 장로님과 만나서 "효자, 효녀는 태어나는 것인가, 만들어지는 것인가?"라는 주제를 가지고 포럼 한 적이 있다. 대화를 나누는 가운데 그 장로님의 아들과 딸이 참 효자요 효녀라는 생각이 들었다. 차남으로 태어난 그 장로님께 90세가 넘는 노모가 아직 살아계신데, 지금까지 장남인 형님이 모시고 있었다. 어느 날 그 장로님 아들이 할머니를 자기가 모시겠다고 한 것이다. 이미 할머니께도 말씀을 드렸다고 했다. 처음엔 깜짝 놀랐지만, 가만히 생각해 보니, 언젠가 '어머니를 한번은 모시고 싶다'라고 말했던 것을 아들이 기억하고 있었다. 딸은 현재 미국에 살고 있는데 할머니께 편지도 자주 쓰고, 한국에 올 때마다 할머니께 꼭 인사를 드린다고 했다. 혹시 어렸을 때 자녀들이 할머니와 함께 한집에 살았냐고 물어보니까, 그렇지는 않고 이웃에 살았다고 했다. 그때 같이 살았던 조카들도 많이 있는데, 그들은 자기 자녀들처럼 효성스럽지 않다는 것이다. 복음 안에 있기에 가능한 것이 아닌가 하며 말을 맺었다. 그리스도 안에서 하나님의 자녀라는 정체성이 효자요 효녀로 만들었다는 것이다.

부모의 직접적인 교육보다 부모의 삶이 자녀에게 더 큰 영향을 준다. 부모가 정성을 다하여 자기 부모를 섬기면 자녀도 부모를 잘 섬기게 된다. 요즘 매스컴을 통해서 가족 간의 불행한 일들을 자주 보게 된다. 아담의 후손 가인과 아벨의 살인 사건 이후 끊임없이 이어온 일들이 아닌가 생각된다.

시대 흐름에 따라 부모와 자녀들과의 사이가 점점 나빠지는 이유는 과연 무엇이며, 어떻게 이런 고리를 끊을 수 있을까? 젊은 세대 아이들이 잘못된 교육을 받았기 때문이라고 말하는 사람들이 많다. 그들이 말한 잘못된 교육이란 산업혁명 이후 근대화되면서 들어온 서양 교육의 영향을 말한다.

우리나라 미풍양속인 삼강오륜의 도덕 교육을 받았던 세대가 1960년대 이전에 태어난 세대이다. 그 이후 세대는 서양의 민주시민 교육을 받은 세대라 할 수 있다. 미국의 도덕학자 콜버그(Kohlberg)의 도덕성 발달이론을 토대로 교육을 받은 세대다. 민주시민 교육을 받은 이 세대는 나이 많은 어른이나 직장 상사라 할지라도 본인이 옳다고 생각하면 당당하게 말할 수 있는 사람으로 만든다. 콜버그의 도덕이론을 따르는 사람들이 교육자가 되어 후대 교육을 책임지게 되면서 문제가 발생했다고 본다.

오래전에 어린이가 읽을 수 있도록 삽화도 들어있는 이순신 장군의 위인전을 읽은 적이 있다.

이순신이 어렸을 때 친구들과 함께 한창 전쟁놀이에 빠져있었는데, 지나가던 할아버지가 이제 전쟁놀이 그만하고 집에 가서 책도 좀 읽으라고 했다. 그때 어린 순신이 당당히 할아버지 앞에 나서서 나라를 지키기 위해 꼭 필요한 훈련이라고 말하자 할아버지가 "에쿠 무서운 아이구나, 장군감인데…." 하며 슬그머니 그 자리를 떠나버렸다고 표현되어 있다. 콜버그 도덕 이론을 공부한 학자가 집필한 책이다. 삼강오륜을 공부한 세대라면 이런 표현을 쓰지 않았을 것이다. 공손하게 할아버지께 인사하고, 전쟁을 경험하기 위해 전쟁놀이를 좀 더 한 후 공부하겠다고 말했을 것이다.

한 국가의 도덕은 아동 발달의 단계뿐만 아니라, 그 나라의 문화적 보편성을 참고해야 한다.

미국에 맞춘 콜버그의 도덕 이론을 한국이나 중국, 인

도 등과 같이 오랜 전통문화로 축적된 나라에 그대로 적용하기엔 무리가 따랐다. 한국에 맞는 도덕이 있고, 인도에 맞는 도덕이 당연히 존재하며, 한국에 오면 한국의 도덕에 따르고, 인도에 가면 인도에 맞는 도덕에 따라야 하기 때문이다.

도덕 발달은 아동의 자발적 행동의 결과라고 본 콜버그의 도덕 이론이 비판받게 된 이유다. 이후 콜버그는 극단적인 선택을 하고 말았다고 한다. 하지만 이 도덕 이론이 지금도 그대로 남아 있어, 아무리 자기보다 나이가 많은 어른이나 상관이라도 자신이 옳다고 생각하면 당당히 객관성과 합리성을 주장하는 경우가 많다. 이것을 민주시민의 덕목으로 삼고 칭찬하며 교육했기 때문이다.

옛날 형제자매가 많을 때는 그 안에서 교육이 저절로 이루어져 부모가 개입하지 않아도 되었다. 지금은 자녀 한두 명의 핵가족이 되어, 부모와 자녀 간에 서로 집착 관계로 발전했고, 부모의 권위가 떨어져 자녀들이 버릇없게 되었다고 보는 사람도 있다.

결론적으로 가족 간 불행한 고리를 끊는 유일한 열쇠가 그리스도를 통한 복음이고, 세상 교육으로는 자녀의 정체성을 올바르게 확립시킬 수 없다. 오직 하나님 말씀 중심의 교육이 그 답이다. 콜버그 도덕 이론을 통해 민주

시민 교육을 받은 후대라도 복음 안에서 효도하는 부모의 뒷모습을 보며 자란 아이들은 효자, 효녀가 될 수 있다. 평소 조부모와 부모의 말과 행동이 얼마나 중요한가는 아무리 강조해도 지나치지 않다.

21. 내 아이가 좋은 말을 잘할 수 있게 하려면

말이란 하나님이 인간에게 주신 최고의 선물이다. 인간은 하나님의 형상대로 창조되었기에 하나님은 인간과 소통하기 위해 말을 주셨다. 말의 높임말이 말씀이다. 하나님은 말씀으로 천지를 창조하셨고, 말씀이 곧 하나님이라고 성경은 기록하고 있다. 이처럼 말의 힘은 온 우주를 창조할 정도로 엄청나다.

〈물은 답을 알고 있다/에모토 마사루〉란 책이 있다. 물의 결정체가 말에 따라 바뀐다는 내용이다. 사랑, 지혜, 아름다움과 관계있는 말, 격려하고 칭찬하는 말을 할 때 물의 결정체는 육각형의 아름다움 모양으로 바뀌고, 욕설이나 명령, 무시하는 나쁜 말을 하면 물의 결정체가 흐트러져 못생기게 바뀐다는 내용이다. 물론 이 책이 전부 맞다고는 할 수 없지만, 상당히 일리가 있다고 생각된다.

사람의 몸은 수분을 60~70% 정도 함유하고 있다. 좋은 말을 들을 때와 나쁜 말을 들을 때 우리 몸에 서로 다른 영향이 미칠 수 있다. 우리가 칭찬하거나 배려하는 말을 듣게 되면 몸에 좋은 에너지가 솟아올라 기분이 좋아지고, 저속한 언어나 무식한 명령을 듣게 되면 몸과 마음이 굳어지는 것을 느끼게 된다.

이처럼 사람의 몸을 살리기도 하고 죽이기도 하는 말은 우리의 삶에 아주 중요한 역할을 한다. 사람을 살리는 좋은 말을 하려면 우리 내면에 좋은 생각과 좋은 말을 담고 있어야 한다. 좋은 생각, 좋은 말을 담으려면 성경을 읽고 살아계신 하나님에 대한 믿음을 키우는 것이 좋다.

다음은 〈말 그릇/김윤나〉이란 책에 나오는 내용이다.

―――

말 그릇이 큰 사람들은 공간이 충분해서 다른 사람의 말을 끝까지 듣고 받아들인다. 조급하거나 야박하게 굴지 않아도 되기 때문에 '그게 아니라', '너는 모르겠지만', '내 말 좀 들어봐.'라고 하며 상대의 말을 자르고 끼어들지 않는다. 오히려 '그랬구나.', '더 말해봐.', '네 생각은 어때?'라고 하면서 상대방의 입을 더 열게 만든다. 말 그릇이 큰 사람들과 대화할 때 사람들은 편안함을 느낀다. 반대로 말 그릇이 작은 사람들은 조급하고 틈이 없어서 다른 사람들의 말을 차분하게 듣질 못한다. 자신이 하고 싶은 말로만 말그릇을 꽉 채운다. 상대방의 말을 가로채고, 과장된 말을 사용하고, 두루뭉술한 말 속에 의중을 숨긴다. 그래서 화려하고 세련된 말솜씨에 끌렸던 사람들도 대화가 길어질수록 공허함을 느끼고 돌아선다.

 말 그릇이 작은 사람들은 평가하고 비난하기를 습관처럼 사용한다. 그러면서도 스스로에 대한 평가나 비난은 참아내질 못한다. 몇 자 듣지도 못하고 '그만 좀 해, 나도 힘들어.', '너 때문에 그런 거야.'와 같은 말로 다시 남 탓을 하면서 책임을 피하려 든다.

 우리 자녀가 상대방과 공감적인 대화를 나누고자 하면 먼저 자기 내면에 좋은 말 그릇을 갖고 이를 넓혀야 한다. 말 그릇을 넓히려면 사람들의 마음이 어떤가를 알고 그에 따라 자신의 마음도 변해야 한다. 작가이자 심리상담가인 토니 험프리스는 〈심리학으로 경영하라〉라는 책에서 자기 내면을 스스로 성찰하고 경영할 줄 알아야 존경받는 사람이 될 수 있다고 말했다. "누구나 상처를 피하려고 심리적인 방어막을 칩니다. 하지만 자신을 알아가면서 진정한 나

를 만나기 시작하면 나 자신과의 관계도 좋아지는 한편, 다른 사람과도 좋은 관계를 만들어갈 수 있습니다"라고 이야기한다. 즉 말 그릇을 넓히고, 말 그릇이 깨지지 않도록 하기 위해서는 내면의 힘이 중요하다는 것이다. 내면의 힘이 갖춰지면 저절로 좋은 말이 되어 나온다.

〈엄마의 말투가 아이를 바꾼다/황윤희〉라는 책이 꽤 설득력 있는 처방으로 보인다. 엄마의 말투는 따뜻해야 한다는 것이 저자의 주장이다. 칭찬하는 말, 격려하는 말, 위로의 말은 따뜻한 말이고, 잔소리, 교훈적인 말, 교과서적인 말, 비난하는 말은 차가운 말이다. 보통 교훈적인 말, 옳은 말은 당연히 해야 한다고 생각하지만, 잔소리가 되기 쉽기 때문에 자주 하면 안 된다는 뜻이다. 따뜻한 말 일곱 번 이상을 한 후, 교훈적인 말과 옳은 말 한 번 정도 하는 것이 가장 좋다.

어린아이에게 가장 많은 영향을 주는 사람은 바로 양육자인 부모와 조부모이다. 아이의 정체성에 큰 영향을 주는 양육자가 내면을 새롭게 갱신할 필요가 있다. 양육자가 하나님의 말씀을 읽고 갱신하여 가족과 함께 포럼 할 때, 후대는 말을 잘하여 사람들과 좋은 인간관계를 맺고 성공하게 된다.

22. 후대교육에 대한 책임

　우리나라 인구가 2020년에 처음으로 자연 감소했다. 출생자가 27만 명으로 역대 최저치이고 사망자는 30만 명을 넘었다. 부부 맞벌이로 일·가정 양립의 어려움에 부닥쳐 있고 집값 폭등, 사교육비 부담으로 결혼과 출산을 꺼리고 있다. 720여만 명의 베이비부머 세대가 퇴직하고 있어 오늘날 노인 문제도 대두되고 있다. 이 두 가지를 긍정적인 방향으로 전환한다면 좋은 효과를 거둘 수 있다. 바로 격대교육이다. 아이들이 어릴 때 맞벌이 부모 아래 심리적인 안정을 갖지 못해 학교폭력과 왕따 문제에 연루되기도 하고, 학업성적으로 인한 비관 자살도 점차 늘어가고 있다. 만일 할아버지, 할머니와 함께 영유아기를 보낸다면, 정서적인 안정감으로 상처를 덜 받고, 문제를 만났을 때 좀 더 여유롭게 대처할 수 있다.

조부모의 육아를 꺼리는 부모들이 많다. 교육관이 맞지 않아 부딪치기 싫고, 무엇보다 부모의 간섭이 부담스럽다는 것이다. 조부모들도 육체적으로 힘들고, 이로 인한 스트레스를 받고 싶지 않아 손주 돌보기에 선뜻 나서지 못하고 있다. 이런 문제를 해결하기 위해서는 먼저 조부모의 생각이 바뀌어야 한다. 손주를 키우는 보람이 최고의 가치 있는 일이요 애국하는 길이라고 생각하는 것이다. 육아에 관한 책을 읽고, 육아 관련 세미나에 참석하여 자녀 교육에 대한 실력을 갖추는 것이다. 요즘에는 교회와 사회복지시설 기관 등에서 자녀 교육에 관한 다양한 프로그램을 개설하고 있다. 이런 연수 프로그램에 참석하여 실력을 키우자. 자녀를 조부모께 맡기는 정도가 아니라 수강료를 드려 양육을 부탁할 정도로 조부모가 자녀 교육의 전문가가 되는 것이다.

〈현명한 부모들은 아이를 느리게 키운다〉의 저자 신의진 교수(소아과 정신과 의사)는 첫 아이를 낳고 제대로 육아를 하지 못해 '엄마인 내가 이래서는 안 되는데…….' 라며 죄책감에 많이 시달렸다고 한다. 어느 날 문득 '내가 이렇게 괴로워하는 것이 과연 아이에게 어떤 도움이 될 것인가. 결론은 100% NO. 아이를 기르는 데는 한 마을이 필요하다는 말도 있지 않은가. 아이 기르는 일은 나 혼자서 해결할 성질의 것이 아니다. 육아의 중심에 서 있어야 할 사람은 엄마인 나지만, 그것이 여의치 않을 땐 주변의 모든 환경을 아이 키우는 조력자로 만들 지혜를 갖추어야 한다'고 생각했다. 가장 가까이에 있는 남편과 시댁을 육아에 적극적으로 가담시킬 방법을 모색하여 남편과 시댁 어른들과 함께할 시간을 많이 마련하기 시작했다. 그 결과 아이들은 할아버지 할머니로부터 많은 사랑을 받고 있고, 고모나 삼촌들도 마치 한집에 사는 가족을 대하듯 좋아하게 되었다. 주말이면 친구 집에 놀러 가듯 친척들과 어울려 즐거운 한때를 보내고 온다는 것이다.

 이렇게 조부모와 부모의 생각이 조금만 바뀌어도 아이의 인생이 바뀔 수 있다. 온 가족이 조기교육에 관한 생각을 바꾼다면 사교육비도 절감할 수 있다. 세계적인 위인들 대부분은 어릴 때부터 많은 책을 읽었다. 유대인은 만 13세 성인식 이전에 적어도 일만 권 이상의 책을 읽는다고 한다. 조부모와 함께 책을 읽고 다양한 교육 자료를 활용한다면 사교육비를 절약할 수 있고, 지적인 교육도 충분히 이룰 수 있다. 이렇게 되면 양육비를 절약할 수 있고 자녀를 두 명, 세 명까지 낳을 수 있으니 저출산 문제가 해결된다. 할아버지 할머니의 사랑을 먹고 자란 아이는 학교에서 폭행이나 왕따, 자살 문제에서도 벗어날 수 있다. 자녀 문제로 머리를 싸매고 걱정할 필요가 없으니 부부 사이도 좋아질 것이고, 이혼율도 낮아진다. 무엇보다 노년을 손자 손녀와 함께 지낼 수 있으니, 몸은 비록 고달프나 마음은 행복하고 즐거울 것이다. 연로한 조부모가 하루 종일 손주와 함께 지낸다는 것이 힘들 수 있기에 어린이집과 같은 보육 기관을 활용하는 것이 좋다. 교회에서나 지역에서 공동육아를 하는 것도 좋은 방법이다.

 노벨상의 명문가 퀴리 부부는 딸을 교육하기 위해서 격대교육과 품앗이 교육을 시행했는데, 딸 이렌 퀴리가 노벨상을 받게 된 것도 이런 교육의 결과였다. 세계 인구의 0.2%밖에 안 되는 유대인이 전체 노벨상의 30%, 노벨경제학상 65%를 가져갈 정도로 뛰어날 수 있었던 것은 바로 가정교육에 있다. 지금도 늦지 않다. 가훈을 세우고 가훈을 실천할 수 있는 가정의 문화를 만들 필요가 있다.

 격대교육은 건강한 가정을 만드는 초석이 되며, 건강한 국가의 발판이 된다. 다문화가정의 자녀들까지도 안고 가면 더 좋다. 교회 중직자들이 이들을 손자 손녀로 삼고 헌신하고자 하는 마음을 가진다면, 이들이 다민족 복음화의 주역이 될 수 있다. 후대교육에 대한 책임감을 갖고 조부모와 부모가 가정에서 원네스(Oneness)가 되고, 교회에서도 후대교육을 시작하면 좋겠다.

23. 가족 간의 건강한 소통과 올바른 연결

 어린 시절 내가 학교 다닐 때는 가정이라는 테두리 안에서 지내다 보니 가족에 대한 고마움을 잘 몰랐다. 군대 입대 후 논산 훈련소에서 4주간의 기본 훈련을 받고, 한겨울에 전방 부대에 배치되었다. 따뜻한 남쪽 지방에 살다가 추운 지대에서 혹한기 훈련을 받으려니 여간 힘든 게 아니었다. 더 고통스러웠던 것은 내무반에서 일어나는 상황들이었다. 한밤중에 깨워서 기합 주는 것은 예사였다. 그때마다 나를 사랑하고 자랑스럽게 여기는 고향의 할머니와 부모님 얼굴이 떠올랐고, 이것이 버팀목이 되어 무사히 군 복무를 마칠 수 있었다.

 같은 부대 동기 중 한 명은 결국 군부대를 이탈하였다가 붙잡혀 헌병대 영창에 들어갔다. 그는 어렸을 때 부모가 이혼하여 부모와 자식 간의 사랑이 끊어졌고, 그 결과 어려움을 당했을 때 이를 극복할 힘이 없었다.

　우리 교회 어느 대학생의 간증이다. 고등학교 다닐 때 아빠 친구가 자기 학교 국어 교사로 부임했는데, 그 선생님이 수업을 너무 지루하게 하여 많은 학생들이 졸았다고 했다. 자신은 아빠 얼굴이 떠올라 한 번도 졸지 않았고, 국어 과목을 더 열심히 공부하여 최고의 성적을 받았다고 했다. 아빠께 폐를 끼치지 않고자 한 자기 나름의 배려였는데, 더 좋은 결과를 가져왔다는 것이다.

　가정은 가족을 서로 연결하는 사랑의 힘을 갖고 있다. 이 가정에 하나님이 주인 되셔서 하나님의 사랑 안에 있게 한다면 더 큰 힘을 발휘할 수 있다. 우리가 살다 보면 정신병을 비롯하여 생소한 질병과 갖가지 재앙을 만나기도 한다. 이것은 어떤 의학이나 과학으로도 해결하기 어렵다. 가족 중에 이런 사람이 있다면 온 가족이 어렵게 된다. 이 문제를 해결할 수 있는 유일한 답이 성경에 있다.

　성경을 기록한 목적이 요한복음 20장 31절에 자세히 나와 있다. "예수가 곧 그리스도시요, 살아계신 하나님의 아들이시다."라는 사실을 세상 사람들에게 알리고, 이를 믿어 구원받게 하려는 것이 그 목적이다. 구원받게 되면 하나님 자녀의 신분과 권세를 갖게 된다. 그리스도는 헬라어로 '기름 부음을 받은 자'라는 뜻이고, 히브리어로는 '메시아'이다.

구약 시대에는 제사장, 왕, 선지자 직분을 세울 때 기름을 부었다. 제사장은 백성들이 지은 죄를 하나님 앞에서 용서받도록 중개역할을 하는데, 인간의 원죄와 조상죄, 자범죄를 해결하는 역할이다. 왕은 나라를 지키고 자기 백성을 다스리며 보호하는 역할을 하는데, 인간을 속여서 재앙 속에 빠뜨리는 대적자 사탄으로부터 백성을 지키는 일이다. 그리고 구원받은 성도들의 삶에 통치자로서 왕으로 함께 하신다. 선지자는 하나님을 떠난 인간을 다시 하나님을 만나도록 길을 안내하는 역할을 한다. 다시 말하면 사탄에 속아 지옥으로 가지 않고 천국으로 가도록 인도한다. '자기 백성을 저희 죄에서 구원할 자'란 뜻을 가진 예수는 이 세 가지 직분을 동시에 가진 그리스도다. 이 예수 그리스도를 구주로 믿는 자는 하나님의 자녀가 되는 신분과 권세를 가지고 담대한 삶을 살게 된다. 예수님의 이름으로 기도할 때 천국 보좌의 능력이 시공간을 초월하여 기도가 응답 된다. 이때 질병이 치유되고 기쁨과 감사의 삶을 이룰 수 있다. 이것이 기쁜 소식인 복음이며 이 복음을 정확히 알고 있다는 것은 엄청난 축복이다.

 이렇게 최고의 혜택을 받은 복음 가진 사람들은 후대에 이 복음을 정확히 전달해야 한다. 하나님이 언약의 백성 아브라함을 택한 이유가 다음 말씀에 나와 있다.

"아브라함은 강대한 나라가 되고 천하 만민은 그로 말미암아 복을 받게 될 것이 아니냐 내가 그로 그 자식과 권속에게 명하여 여호와의 도를 지켜 의와 공도를 행하게 하려고 그를 택하였나니 이는 나 여호와가 아브라함에 대하여 말한 일을 이루려 함이니라."(창세기 18장 18-19절)

아브라함을 택한 이유가 후대에 언약을 전달하기 위함이다. 애굽(이집트)복음화를 이룬 요셉이 아브라함의 후손인데, 그 아들 에브라임은 안타깝게도 언약을 놓치고 만다. 시편 78장 8절에 보면 에브라임 지파는 언약의 땅 가나안 입국 전쟁에서 활과 창을 가졌지만, 전쟁의 날에 물러났다고 했다. 가나안 땅에 입성하리라는 선조 아브라함이 받은 언약을 놓친 것이다. 그 결과 하나님은 요셉의 장막을 버리고, 유다 지파의 다윗을 택하게 되었다.

우리의 미래인 손자 손녀 세대가 이 귀한 복음을 알지 못한다면 얼마나 가슴 아픈 일이겠는가? 사람의 몸에 가장 중요한 곳이 심장이듯이, 국가와 사회의 심장은 바로 가정이다. 가정이 무너지면 국가가 무너진다. 가정이 건강해야 국가가 건강하게 된다. 건강한 가정은 가족 간에 서로 마음과 뜻이 올바르게 연결되어 건강한 소통이 지속해서 일어난다. 학교나 교회도 언약 전달의 중요한 역할을 하지만, 언약 전달의 최고 플랫폼은 가정이다. 온 가족이 서로 사랑하고 아끼며 대화를 통해 소통과 연결을 최우선으로 하면 좋겠다.

24. 부모의 삶이 후대를 좌우한다

얼마 전 텔레비전 KBS '아침마당'에 올해 102세의 김형석 교수가 출연했다. 기독교인으로 김형석 교수만큼 존경받는 사람이 더 있을까 할 정도로 이미 대중에게 알려진 명사다. 오늘날 중년 이상의 세대에 김형석 교수의 책과 강의를 접하지 않은 사람은 드물 것이다. 30여 년 전 인문계 고등학교에 교사로 근무할 때, 반 학생한테서 '김형석 에세이〈고독이 머무는 계절에〉' 책을 스승의 날에 선물로 받은 적이 있다. 대학교 다닐 때 김형석 교수의 강의를 듣고 인생의 삶이 무엇인지, 신앙이 무엇인지, 깊이 생각할 수 있는 시간을 가질 수 있었기에, 그때 그 선물을 받고 무척 반가웠다. 고독은 참과 아름다움을 뽑아내는 물레와 같은 구실을 한다는 내용으로, 우정, 진리, 고독, 죽음, 신앙에 대해서도 잘 정리된 에세이다. 돌이켜보면 김형석 교수는 당시 우리 젊은이들에게 큰 영향을 끼친 스승이었다고 생각한다. 최근에 놀란 것은 자녀들을 잘 키운 부모로서 역할이다.

국민일보 '역경의 열매'편에 〈'100세 철학자' 김형석 연세대 명예교수〉에 게재된 내용을 보면, 김형석 교수의 여섯 자녀가 모두 국내외에서 석사 과정 이상을 마쳤다고 한다. 큰아들과 둘째 아들은 교수가 됐고, 큰 며느리도 교수며 작은 며느리는 의사다. 큰딸은 저술 활동을 하며 큰사위는 미국에서 심장내과 교수, 첫째 외손자 역시 워싱턴대에서 심장내과 교수로 일한다. 첫째 외손자 며느리는 하버드대 출신의 변호사, 둘째 사위는 법관, 셋째와 넷째 사위는 미국에서 의사를 하고 있다. 막내인 넷째 딸은 미국에서 사회학 교수, 넷째 외손녀는 MIT 출신으로 애플에서 근무하며, 넷째 외손자는 심장외과 의사가 됐다.

청소년들에게 꿈과 희망을 제시해 줄 뿐만 아니라, 나라의 장래를 걱정하며 기도하고, 대학 현장에서 후대를 위해 온몸과 영혼을 바치는 아버지의 모습을 보고, 자녀들은 현장에서 사람을 살리는 인재로 자라났다. 오늘날 보기 드물게 사회에 모범이 되고 성공한 가정이라는 생각이 든다. 프린스턴 대학의 총장이었던 조나단 에드워드 가정도 부모의 삶이 어떻게 후대에 영향을 미치는지 잘 보여준다. 조나단 에드워드의 후대는 5대에 걸쳐 896명이었는데, 대학 총장이 12명, 교수 65명, 의사 60명, 목회자 100명, 군인 75명, 저술가 85명, 변호사와 판사 등 법조인이 130명, 공무원이 80명이었다. 데이빗 옥스버그 박사는 조나단 에드워드 가문을 참고로 부모의 삶을 통한 영적 유산을 돈으로 환산해 보았다. 부모가 서로 사랑하고 존경하는 모습을 자녀가 한 번 볼 때마다 4천 달러 정도의 영적 유산을 물려받게 된다. 아침 일찍 아버지와 어머니가 다정하게 마주 앉아 예배 드리는 모습을 보면 4천 달러, 저녁에 퇴근한 아버지가 저녁 식사를 준비하는 어머니의 어깨를 살짝 안고 귓가에 사랑한다고 속삭이는 모습을 보면 4천 달러, 자기 전에 문안 인사차 방문을 열었을 때 성경을 읽고 있는 부모의 모습을 보면 4천 달러, 하루에 1만 2천 달러의 유산을 받게 된다. 부모의 은혜로운 모습을 보고 아이가 잠자리에 들 때 기쁨과 감사로 충만하게 될 것이다. 이 아이가 고등학교를 졸업하고 대학에 가기 위해 집을 떠날 때쯤이면 약 1천만 달러의 유산을 받게 된다. 우리나라 돈으로 환산하면 100억이 넘는 재산이다. 부모로부터 물려받은 영적 유산은 아무리 퍼내어 써도 줄어들지 않고, 이런 유산을 가진 후대는 어떤 현장에서도 흔들리지 않고 자신의 비전과 꿈을 성취할 것이다.

그리스도 안에서 서로 사랑하는 부부가 자녀에게 미치는 좋은 영향력은 아무리 강조해도 지나치지 않다.

다가오는 설날에 온 가족이 함께 모여 김형석 교수와 조나단 에드워드 총장의 삶을 포럼 하며, 복음 왕가의 축복 속으로 들어가면 좋겠다.

25. 빼앗긴 들에도 봄은 오는가

지금은 남의 땅—빼앗긴 들에도 봄은 오는가?

나는 온몸에 햇살을 받고
푸른 하늘 푸른 들이 맞붙은 곳으로
가르마 같은 논길을 따라 꿈속을 가듯 걸어만 간다.

입술을 다문 하늘아, 들아,
내 맘에는 내 혼자 온 것 같지를 않구나.
네가 끌었느냐, 누가 부르더냐, 답답워라, 말을 해다오.

바람은 내 귀에 속삭이며
한 자욱도 섯지 마라, 옷자락을 흔들고.
종다리는 울타리 너머 아씨같이 구름 뒤에서 반갑다 웃네.
- 중략 -
그러나 지금은 들을 빼앗겨 봄조차 빼앗기겠네.

1926년에 발표된 이상화李相和의 시詩다.

일제강점기에 잃어버린 조국의 해방과 회복을 갈망하고 있는 시로써, 학창시절에 국어 숙제로 교정에서 친구들과 함께 외웠던 기억이 난다. 그때는 대학입시에 나오는 내용만 무작정 몰두하느라 이 시의 깊은 뜻을 잘 알지 못했다. 얼마 전 이 시를 접했을 때 문득 두 세계에 속한 사람들을 떠올리게 되었다.

첫번째는 코로나19로 정신적, 경제적 타격을 입은 사람들이다. 이들이 빼앗긴 들판은 평범한 삶의 현장이고, 따뜻한 봄은 일상의 회복이 될 것이다. 코로나19, 처음에 중국 우한에서 시작되었을 때 금방 끝날 것으로 생각했는데, 예상과 달리 전세계 대유행으로 현장은 완전히 초토화 되었다. 수많은 사람이 우울증, 공황장애 등으로 고통받고 있다. 가족 중 한 사람이라도 코로나 바이러스에 감염되면 격리된 생활을 해야 하고, 동시에 가정은 비상사태가 된다. 더 심각한 것은 일단 바이러스에 감염되면 회복해도 후유증이 크다는 점이다. 작년 이맘때 코로나19 확진 판정을 받은 부산대 P교수는 코로나 증세와 치료과정, 후유증 등을 그의 책 〈삶이 있는 한 희망은 있다〉(부크럼)에 실었다. '코로나19 후유증, 그 230일간의 기록'이라는 부제가 붙을 정도로 코로나19 후유증에 대해 상세히 기록했다. 두 차례 음성 판정을 받은 뒤 곧 퇴원했지만 약의 부작용과 후유증 등을 느꼈다고 한다. 수개월이 지났는데도 머리가 멍하면서 기억과 집중이 힘들어지는 브레인 포그 현상, 가슴과 복부 통증, 피부 변색, 만성 피로 등 자신이 경험한 후유증 증상을 알렸다.

코로나19 확진자가 전 세계적으로 하루 수만 명에 이르고, 지금까지 수십만 명이 생을 마감했다. 코로나 바이러스로 뒤덮인 들판에 치유의 바람이 불어와 육신과 정신, 영혼이 회복되길 모든 사람은 원한다. 특히 그리스도의 비밀을 알고 있는 성도는 후대가 최고 전문가의 정상인 서밋(summit)에 올라, 코로나 바이러스 치료제와 백신을 개발할 뿐만 아니라, 복음으로 치유하는 능력을 체험하길 간절히 바라고 있다. 그리하여 봄을 회복하여 꽃이 피고 새가 노래하는 들판, 즉 일상의 아름다운 삶을 맞이하길 기도한다.

두번째는 흑암 문화로 뒤덮인 들판에서 후대를 살리고자 고군분투하는 언약 붙잡은 부모, 조부모들이다. 건전치 못한 게임과 동영상 등으로 가득 찬 흑암의 들판에서 스마트폰을 비롯한 여러 가지 미디어 매체가 어린아이들을 유혹하고 있다. 그 들판에서 허우적대는 후대를 구하고자 오늘도 조부모와 부모들은 후대가 그리스도 안에서 하나님이 원하시는 달란트를 찾아 정상(summit)의 축복을 받도록 기도하고 있다. 날마다 겪는 육아의 버거움 때문에 힘들어하고 있지만, 하나님의 말씀을 언약으로 붙잡고 지속하는 사람들이 있는데, 이런 분들 때문에 빼앗긴 들에도 반드시 봄이 오는가 보다.

 매일 하나님의 말씀과 기도 속에 있는 올해 일곱 살 된 아이가 있다. 이 아이가 태어났을 때 할머니가 가정예배를 시작했다고 한다. 아이가 스스로 하기 까지는 그 과정이 순탄치 않았다. 아이가 세 살쯤부터 예배를 안 드리겠다고 떼를 쓰기도 했다. 할머니는 포기하지 않고 아이와 함께 놀면서 가정예배를 쉬지 않았다. 그 결과 요즘은 가정예배에 참석하는 것은 물론이고, 아침에 일어나면 할머니와 함께 말씀을 읽고 쓰며 기도하고 있다고 한다. 아무리 척박한 땅이라도 지속해서 물을 부어 줄 때, 땅이 회복되어 새싹이 돋아나고 꽃이 핀다. 어릴 때 하나님 말씀의 생수를 지속해서 부어 줄 때, 말씀이 각인되고 뿌리내리며 체질화 된다는 것을 알 수 있다. 코로나19와 흑암문화로 뒤덮인 들판에, 빛의 복음으로 봄을 부르는 사람들.

 햇살, 푸른 하늘, 푸른 들, 울타리 넘어 아씨 같은 종다리가 봄을 알리는 그날이 기다려진다. 들판을 빼앗긴 것도 서러운데 봄조차 빼앗기면 안 되지 않는가? 백신과 치료제로 코로나19 시대를 끝내고, 후유증으로 고생하는 사람들이 오직 그리스도의 복음으로 치유되길 원한다. 후대에 대한 언약을 가진 성도들이 이 복음으로 회복하여 빼앗긴 들에서 봄을 찾아올 수 있기를 간절히 원한다.

26. 호기심이 많은 아이, 질문할 수 있도록

 지난 2월 중순, 어린이집 졸업 파송식때였다. 담당 목사의 파송 메시지에 옛 기억이 떠올랐다. "졸업생 여러분은 곧 초등학교에 파송 선교사로 올라갈 텐데 언제나 씩씩하게 손을 들고 반장이든, 부반장이든, 무엇이든 하겠다고 큰 소리로 말하세요. 또 의문이 생기면 무조건 손을 들고 또록또록하게 질문을 하세요." 몇 번이나 되풀이하여 손을 들고 질문하도록 연습하게 했다.
 그때 약 10년 전에 있었던 일이 생각났다. 2010년, 우리나라에서 개최한 G20 폐막식 때 버락 오바마(당시 미국 대통령)가 연설을 마친 후 예정에 없던 질문을 던진 것이다. G20을 성공적으로 개최한 한국의 기자들에게 특별히 질문 기회를 준 것이다. 객석의 한국 기자들은 아무도 손을 들지 않았다. 질문이 나오지 않자 오바마 대통령은 한국어로 질문해도 좋다고 하면서 끝까지 기회를 주려고 했지만, 결국 아무도 나서지 않았다. 기자가 약 3천 명 정도 되었는데, 그 중 절반이 국내 기자였다고 한다. 그때 중국 기자 한 명이 나서서 자신이 아시아권을 대표해 질문해도 좋으냐고 영어로 유창하게 물었지만, 오바마 대통령은 한국 기자들에게 질문하도록 세 번이나 더 기회를 주었다. 여전히 아무도 나서지 않아 결국 그 중국 기자가 질문을 했다.

 이 일 이후 당시 내가 근무했던 인문계 고등학교에서 교사들과 함께 '왜 우리나라 기자들이 질문을 하지 않았을까?', '우리가 하는 교육이 문제인가?', '정말 올바른 교육을 하고 있는가?', '올바르지 않다면 어떻게 바꿔야 하는가?' 하는 주제로 토론을 벌였다. 교실에서 학생들에게 왜 질문을 하지 않느냐고 물어보았다. 그들은 '초등학교 저학년 때까지는 질문을 간간이 했던 것 같은데, 언젠가부터 질문을 잃어버렸다'고 말하면서, '수업 진도에 맞춰 따라가기도 바쁘고, 만일 질문하면 진도가 늦어져 선생님과 급우들의 눈치가 보인다'라고 덧붙였다.

 그때 우리 교사들이 결론 내린 것은 가정과 학교, 국가가 공동 책임을 갖고 소통하면서, 아이들이 질문할 수 있는 환경을 만들어 주어야 한다고 마무리했다. 어린아이부터 청소년을 거쳐 어른에 이르기까지 모두 질문하는 환경을 만들어 주어야 하는데, 특히 가정과 학교에서 부모와 교사가 이를 반드시 지켜야 한다고 못 박았던 기억이다. 서로 짝을 이뤄 질문을 주고받으면서 공부한 것에 대해 논쟁하는 유대인의 하브루타가 있다. 유대교 경전인 〈탈무드〉를 공부할 때 주로 사용하는 것으로, 나이와 성별, 계급에 차이를 두지 않고, 두 명씩 짝을 지어 공부하며 논쟁을 통해 진리를 찾아가는 방식이다. 이때 부모와 교사는 학생이 마음껏 질문할 수 있는 환경을 만들어 주고 학생이 스스로 답을 찾을 수 있도록 유도하는 역할을 한다. 우리 가정과 학교에서 유대인의 부모와 교사가 행하는 하브루타를 참고하면 좋겠다.

 2013년 KBS 방송국에서 다큐 〈공부하는 인간〉을 5부에 걸쳐 기획한 적이 있는데, 제3부가 '질문과 암기'였다. 한국 미혼모에게 태어나 유아였을 때 유대인 가정에 입양된 고골리 릴리(한국이름은 앎태순)양이 취재의 주인공으로 등장했다. 릴리양은 유대인 부모를 만나 하버드 대학교를 졸업하고 구글에 입사한 엘리트였다. 어렸을 때부터 부모와 식사를 하면서 "왜"라는 질문을 통해 궁금한 것을 묻고 대답하곤 했고, 자동차를 타고 가는 중에도 '왜'라는 질문 게임을 즐겨 했다고 한다.

 유대인은 스터디 그룹을 만들어 서로 토론을 통해 학습하는 문화라면, 한국인은 혼자서 조용히 암기를 통해 공부하는 문화다. 중국과 인도는 큰 목소리로 소리 내어 암기하는 문화고, 일본은 노트에 필기하는 쓰기 문화가 어릴 때부터 발달하여 동경대 입학생들의 노트가 가장 비싸게 팔린다고 한다. 이중 어느 방법이 좋다고 단정할 수 없지만, 시대 흐름을 볼 때 토론을 통한 학습 문화가 효율적이라는 것이 대세인 것 같다. 우리나라 학교에서도 요즘 토론 수업을 많이 하는 경향이다. 질문하고 대답하는 문화가 가정에서 출발하는 게 가장 바람직하다고 생각한다. 아이들이 호기심이 생겨 궁금한 것이 있을 때, 눈치 보지 않고 스스럼없이 질문할 수 있는 가정 분위기를 부모와 조부모는 만들어 주어야 한다. 질문할 수 있는 분위기는 질문해도 되는 환경, 질문하는 아이를 존중하는 환경이다. 이런 환경을 만들기 위해서는 먼저 질문이 얼마나 중요한지, 그 가치를 양육자와 교사가 모두 알아야 한다. 질문은 호기심을 통해 창의성을 계발하는 최고의 도구이다.

　하나님 형상을 닮은 우리 인간은 창조의 영을 부여 받아 창조적 능력을 갖고 있다. 창조적 능력은 호기심에서 시작한다. 모든 아이는 어렸을 때부터 호기심이 많다. 호기심이 많기에 아이들은 끊임없이 질문한다. 어떤 양육자를 만나는가에 따라 하나님이 주신 호기심을 살리기도

하고 죽이기도 한다. 호기심을 죽이면 아이의 창의력은 죽고 만다. "아이가 호기심이 생겨 질문하면 먼저 창조주 하나님을 생각하세요. 하나님의 형상대로 지음 받은 아이를 존중하세요. 아이와 즐겁게 대화하면서, '너는 왜 그렇게 생각하니?' 질문하고 경청하고 항상 친절하게 답하세요."

27. 내 아이가 스트레스를 받지 않으려면

얼마 전 수백 명의 언약 전달자가 모여 있는 격대교육 단톡 방에 올라온 기사를 보고 깜짝 놀랐다. 일본에서 일어난 사건인데, 대학을 나오지 못해 열등의식에 잡혀 있던 엄마가 딸을 의대에 보내려고 강요하다가 화가 난 딸이 엄마를 살해한 것이다. 어릴 때부터 의사가 되어야 한다고 각인된 딸은 의사의 꿈을 꾸게 되었으나, 성적이 뒷받침되지 않아 의대 입시에 아홉 번이나 떨어졌다.

 엄마는 친척들에게 딸이 의대에 합격했다고 속이고, 계속 딸에게 의대에 지원토록 9년간이나 재수를 시켰다. 결국 성적 한계로 의사가 되지 못하고 간호사가 된 딸이 마음에 들지 않아 엄마가 계속 스트레스를 주던 어느 날, 딸은 잠자는 엄마의 목을 칼로 찔러 살해하고 시신을 훼손해 집 근처 하천 부지에 버렸다. 범행 직후 자신의 트

위터에 "괴물을 처단했다. 이걸로 안심이다"라고 썼고, 딸은 살인죄로 징역 10년이 구형되었다고 한다. 화가 난 딸은 엄마를 괴물로 취급하고 살해한 것이다.

우리 주위에도 이런 일들이 종종 일어나고 있다. 자기 아이를 서울대 음대 보내기 위해 살인까지 저지르는 막장 드라마 '펜트하우스'와 몇 년 전 방영되었던 'SKY캐슬'도 이와 같은 부류다. 부모가 주는 스트레스로 아이들이 망가지는 슬픈 사연들이다.

요즘 TV에 육아 전문가들이 모여 부모들에게 육아법을 코칭하고 있는 '금쪽같은 내 새끼'란 프로그램이 있다. 한번은 할아버지가 돌이 채 되지 않은 둘째를 안고 있는데, 서너 살 정도 되는 첫째 손녀가 계속 울면서 떼를 쓰는 광경을 보았다. 엄마와 아빠 말도 듣지 않고 마음대로 던지고 때리고 온 집안이 딸 때문에 난장판이 될 정도였다. 부모와 할아버지, 할머니 모두 동생에게만 관심을 갖게 되자 딸은 화가 난 것이다. 코칭을 받은 엄마가 딸과 함께 보내는 시간을 갖게 되고, 딸에게 동생을 돌보는 역할을 주자 딸은 기분 좋게 그 역할을 잘 수행했다. 그렇게 하자 딸에게서 스트레스가 사라졌다.

위의 몇 가지 사례에 나타난 것은 근본적으로 아이 문제가 아니라 부모 문제이다. 아이가 어릴 때부터 스트레스를 받았기 때문에 일어난 일이다. 아이가 스트레스를 받으면 고스란히 부모에게 되돌아온다는 것을 잊어선 안 된다.

 엄마가 아이를 어떻게 돌보느냐에 따라 아이가 스트레스를 받을지, 안정감을 받을지 좌우된다. 동물은 태어나자마자 곧 걸을 수 있고 먹을 수 있어서 어미의 도움 없이 살 수 있다. 사람은 그렇지 않다. 아기가 태어났을 때 어른의 뇌 기능에 약 20%밖에 가지고 있지 않아 누군가의 보살핌을 받도록 창조되어 있다. 사람은 동물과 달리 돌봄을 받도록 하나님이 창조하신 것이다. 부모와 아이 사이에 반드시 애착이 형성되어야 아이가 스트레스를 받지 않는다. 애착 관계를 형성하기 위해서는 아이와 스킨십을 자주 하면서 안아주고 아이와 사랑의 대화를 나눠야 한다. 부모뿐만 아니라 할아버지, 할머니도 마찬가지다.

〈자녀교육 하브루타/전성수〉에 보면, 애착형성에 좋은 환경은 아이가 하고 싶은 일을 즐겁게 할 수 있는 분위기를 만든다. 칭찬과 격려를 아끼지 않는다. 긍정적인 정서를 갖게 하는 말을 사용한다. 아이가 새롭고 신기한 도전의 기회를 만들어 주어서 놀이 속에서 자유롭게 시도하고 재미있게 배울 수 있는 분위기를 만들어준다 등.

 아이가 방관자가 아니라 능동적으로 활동에 참여하도

록 분위기를 만들어 주는 것이 좋다고 했다. 이런 것을 일시적으로 띄엄띄엄하거나 감정에 치우쳐 기복이 있으면 안 되고, 사랑과 관심과 믿음이 일관성 있게 지속되는 것이 좋다.

에베소서 6장 4절에 보면,

"또 아비들아 너희 자녀를 노엽게 하지 말고 오직 주의 교훈과 훈계로 양육하라."

여기서 훈계는 아이들이 스스로 통제하는 것을 배우도록 안내하고 가르치는 것이다. 부모가 소리를 지르면 아이는 논리적으로 들을 수 없다. 큰 소리를 듣는 순간, 사고가 정지되기 때문이다. 아이가 사회에 나아가 의사소통을 잘할 수 있도록 하려면 어릴 때부터 아이 말에 귀를 기울이고 차분하게 대화하는 것이 좋다. 훈계한답시고 소리를 지르거나 화를 내면 곧 아이는 스트레스를 받게 된다. 아이가 적어도 만 3세가 될 때까지는 주입식 교육과 같은 조기 학습은 하지 않는 게 좋다.

부모가 아이와 함께 놀이할 때 아이는 정서적 안정감을 얻게 되고, 하나님이 지으신 자연에 관해 친밀한 대화를 나누면 정서적인 부분과 함께 지적인 부분을 채워준다. 잠자리에 들기 전에 어린이 성경을 읽어주거나, 성경 속에 인물들, 위인들의 이야기 등을 지속해서 들려주면 최고의 지적 교육이 된다. 할아버지, 할머니도 이와 같은 방법으로 아이 돌봄에 동참하면 훌륭한 격대교육이 된다. 잠언 17장 6절에 "손자는 노인의 면류관이요 아비는 자식의 영화니라."고 했다. 격대교육은 노후의 면류관을 만드는데 최상의 교육 방법이다.

28. 엘리압처럼 키우고 있는 것은 아닌가

다윗과 골리앗의 싸움이라고 하면, 다윗을 약한 자로 골리앗을 강한 자로 생각하는 사람들이 많다. 이들은 성경을 잘 모른다. 당시 이스라엘에 군인이 되려면 20세가 되어야 하는데, 다윗은 아직 군인이 아닌 어린 소년이었다. 골리앗은 키가 여섯 규빗 한 뼘으로, 무려 290cm나 된다. 골리앗이 입은 갑옷은 무게가 57kg나 되고, 한 손에는 방패를, 한 손에는 6.8kg의 창날을 가졌다. 누가 보아도 다윗과는 비교할 수 없을 우람함이다. 이것은 눈에 보이는 외관상 기준으로, 만일 둘이 다시 맞붙는다 해도 다윗이 이길 수밖에 없다는 것을 우리는 성경을 통해 알고 있다.

사무엘상 29장 34절에서 36절에 보면 "다윗이 사울에게 고하되 주의 종이 아비의 양을 지킬 때에 사자나 곰이 와서 양떼에서 새끼를 움키면 내가 따라가서 그것을 치고 그 입에서 새끼를 건져내었고, 그것이 일어나 나를 해하고자 하면 내가 그 수염을 잡고 그것을 쳐 죽였었나이다. 주의 종이 사자와 곰도 쳤은즉 사시는 하나님의 군대를 모욕한 이 할례 없는 블레셋 사람이리이까 그가 그 짐승의 하나가 되리이다." 이어서 49절에 "손을 주머니에 넣어 돌을 취하여 물매로 던져 블레셋 사람의 이마를 치매 돌이 그 이마에 박히니 땅에 엎드러지니라."

하나님이 주신 눈에 보이지 않는 능력을 가진 다윗은 눈 깜짝할 사이에 거대한 골리앗을 무너뜨린 것이다. 눈에 보이는 것으로 판단해서는 안 된다는 사례다. 이새의 아들 중 장남 엘리압에 대해서 성경은 이렇게 말하고 있다.

사무엘상 16장에 보면 하나님은 대제사장 사무엘을 베들레헴 이새의 집에 보내 그 아들 중 한 명에게 기름을 부어 왕을 세우고자 했다. 6절과 7절에 "그들이 오매 사무엘이 엘리압을 보고 마음에 이르기를 여호와의 기름 부으실 자가 과연 주님 앞에 있도다 하였더니, 여호와께서 사무엘에게 이르시되 그의 용모와 키를 보지 말라 내가 이미 그를 버렸노라 내가 보는 것은 사람과 같지 아니하니 사람은 외모를 보거니와 나 여호와는 중심을 보느니라 하시더라."

하나님은 키 크고 용모가 빼어난 사울을 이스라엘 초대 왕으로 세웠지만, 아말렉 전투에서 하나님께 불순종했기 때문에 버리고자 한 것이다. 엘리압도 사울처럼 용모가 빼어나고 장대하지만 중심을 보시는 하나님이 왕으로 택하지 않겠다는 뜻이다. 엘리압에 대한 사람됨은 사무엘상 17장에 보면 상세히 나와 있다. 다윗이 아버지 이새의 심부름으로 전쟁터에 가게 된다. 거기서 하나님을 모욕하는 골리앗을 보고 싸우겠다고 했을 때, 이를 본 맏형 엘리압의 말이 28절이다.

"네가 어찌하여 이리로 내려왔느냐 들에 있는 몇 양을 뉘게 맡겼느냐 나는 네 교만과 네 마음의 완악함을 아노니 네가 전쟁을 구경하러 왔도다." 이때 다윗의 대답이 29절이다. "내가 무엇을 하였나이까 어찌 이유가 없으리이까." 다윗이 골리앗과 싸우겠다고 한 데에는 그럴 만한 이유가 있다는 것이다. 사무엘을 통해서 왕으로 기름부음을 받았다는 뜻도 있겠지만, 여기서는 골리앗이 하나님을 모욕했기 때문이라고 추측된다. 분명한 것은 사울이 내세운 상급 때문은 아니다.

자녀가 엘리압과 같이 키가 크고 용모가 빼어나지만, 그리스도가 없는 그리스도인으로 키우고 있지는 않는지 점검해 봐야 한다. 하나님을 찬양하는 시를 쓰고 악기를 연주하며 노래하는 엔터테이너, 골리앗 같이 하나님을 모욕하는 자를 단번에 무너뜨리는 청년, 하나님을 사랑하여 성전 언약을 실현하고 이스라엘 통일을 이룬 시대적인 지도자 다윗 같은 왕을 모델로 삼고 후대를 키우는 사람들이 많으면 좋겠다.

 TV 드라마나 영화에 나오는 배우나 탤런트, 요즘 대세인 트롯신이나 BTS(방탄소년단) 같은 글로벌 스타, 연봉이 수십억 이상 되는 스포츠 선수, 국회의원이나 장관과 같은 정치인이나 성공한 경제인 등, 이들 중 엘리압과 같은 사람들이 많다. 이런 자녀를 둔 부모들은 어딜 가나 자식 자랑을 한다. 물론 자기가 맡은 분야에서 이같이 성공하면 좋다고 생각한다. 그리스도인이라면 더할 나위가 없다. 세상 풍조를 따라가는 성공 자가 되어선 안 된다. 만일 다윗과 같은 인물을 키우고자 한다면, 먼저 복음 안에서 하나님을 경외하고 하나님의 사랑을 체험하는 복음 중심의 삶을 우선순위로 삼아야 한다. 부모와 조부모가 복음 안에서 체계적인 육아 시스템을 만들면 최고의 양육자라고 생각한다.

 내 손주가 딸이라면 어떻게 해야 할까? 지금은 남녀 간에 직업과 역할에 구별이 없는 시대다. 1998년에는 육군사관학교에 여성이 전체 수석으로 입학한 적도 있다. 독일의 앙겔라 메르켈 총리와 같이 한 국가의 지도자도 있고, 사회 각 분야에 여성 지도자들이 많다. 딸을 둔 부모나 조부모 중에 다윗과 같은 지도자가 되길 기도하는 사람들을 주위에서 자주 본다.

　오늘 저녁 사랑스런 내 아이가 장래에 다윗처럼 하나님과 합한 왕이 되어 시대를 살릴 수 있는 주역이 되도록 기도하자. 아이가 잠들기 전에 성경을 읽어주고 성경 속의 인물들이 행했던 사역을 재미있는 이야기로 들려주자. 이것이 쌓이면 아이가 말씀으로 각인되어 뿌리내릴 것이다. 복음 왕가의 축복이 성큼 다가올 것이다.

29. 영화 〈미나리〉에 나온 격대교육

영화 〈미나리〉가 국내에서 개봉되자 아내와 함께 극장으로 달려갔다. 세계 최고의 연기자 회원들의 조합인 미국 배우 조합상과 영국 아카데미상에서 여우 조연상을 수상하였고, 4월 25일에 개최하는 미국 아카데미 시상식(OSCAR)에서도 한국 영화 100여 년 역사상 처음으로 여우 조연상 후보에 오른 배우 '윤여정'의 할머니 역할이 궁금해서였다.

한국계 미국인 감독 '리 아이작 정'(정이삭) 자신이 체험한 이민자 가정의 삶을 그린 작품인데, 영화 포스터에는 '낯선 땅에 뿌리 내린 희망 〈미나리〉, 전 세계가 기다린 어느 한국 가족의 원더풀한 이야기'로 소개하고 있다. 1980년대에 주인공 '제이콥'(스티븐 연)은 미국 남부 아칸소에서 전 주인이 실패한 농장을 매입해서 거창한 꿈을 품고 농사를 시작한다. 생계를 잇기 위해 시간을 쪼개어 아내 '모니카'(한예리)와 함께 병아리 감별사로 일하게 된다. 딸 '앤'은 집안일을 돕고 남동생 '데이빗'도 잘 돌보는 철 든 소녀이고, 아직도 가끔 밤에 오줌을 싸는 6, 7세 어린이 '데이빗'은 착한 개구쟁이인데, 안타깝게도 심장병이 있어서 마음껏 달릴 수가 없다.

어느 날 아이를 돌보기 위해 '모니카'의 엄마이자 아이들의 외할머니 '순자'(윤여정)가 한국에서 고춧가루, 멸치 등 한국 토종 반찬 재료와 심장병을 앓고 있는 손자 데이빗 한약재를 보따리에 가득 담고 아칸소에 도착한다. 한국에서 갖고 온 미나리씨를 농장 근처 개울가 척박한 땅에 뿌렸는데, 미나리가 아주 잘 자랐다. 어떤 땅에서든 잘 자라는 미나리가 이민자들을 연상케 하여 제목을 〈미나리〉로 정하지 않았나 싶다. 처음에는 미국 할머니처럼 쿠키도 만들지 못하고 할머니 냄새난다고 싫어하던 손자 데이빗이 나중에는 할머니를 좋아하게 된다.

농산물 유통에 문제가 생겨 어렵게 시작한 농사가 파산되자 가정에 위기가 왔다. 그때 데이빗을 병원에 데리고 가서 검사를 받게 되었는데, 데이빗의 심장병이 현저히 나아 의사와 온 가족이 깜짝 놀랐다. 외할머니의 여유롭고 구김 없는 사랑이 손자의 심장병을 낫게 했고, 이를 통해 비록 한 해 농사는 실패했지만, 온 가족이 다시 하나가 되어 재출발의 힘을 갖게 되었다. 외할머니 역을 맡은 배우 윤여정이 받아야 할 진짜 상은 가족과 후대를 살린 '격대교육 상'이라고 생각한다.

1960년대 내가 초등학교 다닐 때 우리 집은 열 명이 넘는 대가족으로 모두 농사일로 바빴다. 누나와 나는 항상 할머니와 함께 지냈다. 요즘도 누나와 만나면 아버지와 어머니보다는 할머니 이야기를 더 많이 한다. 누나는 딸과 사위의 요청으로 한집에 살면서 외손자 셋을 키우고 있다. 큰 손자가 고3, 둘째가 중3, 늦둥이 막내가 초등학교 6학년이다. 사위와 딸은 맞벌이로 바빠서 오로지 혼자서 남자아이 셋을 키웠는데, 키울 때는 힘들었지만 지금은 손자들 덕분에 행복하다고 한다. 학교에 가기 전에 꼭 인사하고, 학교 다녀오면 외할머니부터 먼저 찾는다고 한다. 누나도 '격대교육 상'을 받을 자격이 된다.

'격대교육 상'을 꼭 받아야 할 귀한 가정이 있다. 수백 명이 모여 있는 격대교육 단톡방에 사진과 메시지를 올리고, 실제로 교회와 가정에서 후대를 살리고 있는 복음 왕가이다. '수원 임마누엘 교회' 담임목사인 정현국 목사(이미심 사모) 가정으로 오늘날 격대교육의 모델이 되고 있다.

둘 다 장로인 큰딸과 사위는 고등학교 교사로 슬하에 두 자녀가 있고, 약사 부부 장로인 둘째 딸과 사위한테도 세 자녀가 있다. 두 딸로부터 외손주가 다섯 명이나 된다. 오늘날 저출산 시대에 복음 가진 목회자와 중직자 가정에 후대를 살리는 언약이 성취되고 있기에 하나님께는 영광이요 우리 성도들에겐 귀감이 된다. 다음은 성경 디모데 전후서를 기록한 디모데를 두고 사도 바울이 한 말이다.

'이는 네 속에 거짓이 없는 믿음을 생각함이라 이 믿음은 먼저 네 외조모 로이스와 네 어머니 유니게 속에 있더니 네 속에도 있는 줄을 확신하노라.' (딤후1:5)

디모데는 헬라어 '티모테오스'로 '하나님의 사랑을 받다'는 뜻을 갖고 있다. 디모데는 소아시아 루스드라에서 출생했는데, 아버지는 헬라인으로 좀 일찍 돌아가신 것으로 알려져 있고, 어머니 유니게는 유대인이다. 독실한 기독교 신앙인이던 외할머니와 어머니로부터 성경을 배우며 하나님 중심으로 신앙생활을 하던 중 사도 바울을 만나서 인생의 전환점을 맞이했다. 하나님의 사랑을 받은 디모데는 어릴 때부터 외할머니와 어머니의 기도와 양육으로 천년의 응답을 받았다. 4월 25일 아카데미 시상식에서 배우 윤여정씨가 탁월한 연기자로서 여우 조연상 뿐만 아니라, 무너질 뻔한 가정을 되살린 외할머니의 역할을 알리는 계기가 되면 좋겠다.

30. 개성 있고 품위 있는 인격자로 키우려면

　한국 영화 102년 역사상 처음으로 배우 윤여정씨는 영화 〈미나리〉를 통해 아카데미(OSCAR) 여우 조연상을 받았다. 시상식 수상소감은 참석한 연예인들뿐만 아니라 전 세계 시청자들에게 신선한 감동을 주었다. 수상자 후보에 오른 동료 배우들에 대한 따뜻한 배려의 말과 솔직하면서도 당당한 그녀의 태도가 청중을 유쾌하게 만들었다. 그 뒤 여러 인터뷰에서도 의례적인 말이나 예상된 멘트는 나오지 않았고, 배우 윤여정 자신만의 독특한 캐릭터가 전 세계에 영상으로 전달되었다.

　앞서 영국아카데미 시상식 수상소감에서는 "고상한 체하는(snobbish) 영국인들에게 인정받아 영광"이라고 했다. 'snobbish'란 단어는 '속물적인, 고상한 체하는, 우월감에 젖어 있는' 등 여러 뜻을 담고 있다. 웬만한 사람은 이 단어를 사용하기 힘들다. 결과가 어떻게 될지 감당할 수 없기 때문이다. 배우 윤여정씨는 거리낌 없이 사용했다. 곧이어 나쁜 의미로 말하지 않았다고 부연 설명까지 하며 마지막 한 사람까지도 자기편으로 만들 줄 아는 여유가 있었다. 당시 영국인들과 온 세계 시청자들은 이 말을 듣고 그녀를 비난하지 않고 오히려 고급 유머로 받아들였다. 칠순을 훨씬 넘긴 노인이기 때문에 본인도 용기를 낼 수 있고, 아울러 시청자들도 어느 정도 이해할 수 있는 아량을 가질 수 있지만, 연륜이 많이 쌓였다고 해서 누구나 그럴 수 있는 것은 아니다.

 말의 품격은 사용하는 사람이 어떤 사람이냐에 따라 달라지게 마련이다. 품위 있는 말을 하기 위해서는 풍부한 어휘력이 뒷받침되어야 하고, 무엇보다 인격이 고급스러워야 한다. 어휘력과 인격은 하루아침에 만들어지지 않는다. 가정에서는 부모와 조부모, 학교에서는 교사가 도와주지 않으면 안 된다.

 지금 조부모 세대가 학교 다닐 때는 월요일마다 전교생이 학교 운동장에 모여 조례를 했다. 그때 국기에 대한 경례, 애국가 제창이 필수였다. 글자도 모르고 초등학교에 입학한 우리들은 애국가를 배우기 위해 담임 선생님의 풍금에 맞추어 무턱대고 따라 불렀던 기억이 난다. 한글을 잘 모르니 애국가 가사가 너무 어려워서 선생님께 질문을 많이 했다. "선생님, 동해물이 뭐예요? 백두산이 어디에 있어요? 얼마나 높아요? '마르고 닳도록'은 무슨 뜻이에요? 보우하사는 무슨 말이에요?" 등등. 우리들이 물어볼 때마다 담임 선생님은 친절하게 대답해 주셨다. 초등학교 고학년이 되면서 수업 시간에 질문이 줄어들었다. 누군가 질문을 했을 때, "그것도 몰라?" 이런 핀잔을 받게 되면 본인뿐만 아니라 다른 아이들도 질문하지 못한다. 비록 바보 같은 질문을 하더라도 기쁘게 받아줘야 아이들이 마음껏 질문할 수 있고, 이때 자신감과 함께 어휘력과 창의력이 자라날 수 있다. 어휘력이 풍부해도 품위 있는 인격을 갖추지 않으면 교만하기 쉽고 상대방을 무시하여 상처를 주기 쉽다.

품위 있는 인격과 풍부한 어휘력으로 한평생 성공적인 삶을 살았던 한 인물을 소개한다면, 약 200년 전 독일의 '주니어 칼 비테'를 들 수 있다.

스위스 교육자 페스탈로찌의 권유로 쓰인 〈칼 비테의 자녀교육법〉의 저자 칼 비테는 아들 주니어(Jr) 칼 비테가 태어나자 15일부터 단어를 가르쳤다. 생후 15일째 되던 날 손가락을 내밀었더니 아이가 손가락을 잡았다. 최초로 손가락을 잡았을 때 아버지 칼은 편안한 목소리로 "손가락, 손가락" 반복해서 말했다. 아이가 사물을 분간하기 시작하자 더 많은 물건을 보여주고 동시에 그 사물의 이름을 반복해서 들려줬다. 주변의 사물, 구체적으로 탁자 위의 그릇, 실내 장식물, 정원의 꽃과 곤충 등을 가르치고, 형용사와 동사도 가르쳤더니 어휘력이 풍부해졌. Jr 칼 비테는 태어났을 때 주위 사람들에게 바보라는 소리를 들었다. 아버지의 조기 교육으로 세 살 때 모국어인 독일어를 깨우치고 여섯 살 때부터 외국어를 배우기 시작하여 아홉 살 무렵에는 독일어, 영어, 이탈리아어 등을 자유롭게 구사했다. 아버지의 교육 중 핵심은 어린 칼 비테를 겸손하도록 교육했다는 점이다. 아들이 유명해지기를 원하지 않았고, 늘 교만해질까봐 조심했다. 1808년 5월 23일 〈함부르크 통신〉에 '지역 역사상 가장 놀라운 사건'이라는 제목으로 아래와 같은 기사가 났는데, 지금도 보관되어 있다고 한다.

'칼 비테는 목사의 아들이다. 그는 공부를 시작한 지 5년밖에 안 되었다는 사실이 믿기지 않을 만큼 재능이 뛰어나지만, 아주 겸손하고, 또래 아이들처럼 건강하고 명랑하다.(중략)' 페스탈로찌도 이처럼 겸손한 아이는 처음 본다고 했다. 인격을 갖춘 사람은 겸손하여 모든 사람을 존중하며 상대방에게 좀처럼 상처를 주지 않고 오히려 힘을 준다. 그리스도인은 빌립보서 2장 5절의 말씀을 새겨둘 필요가 있다.

"너희 안에 이 마음을 품으라 곧 그리스도 예수의 마음이니"(빌2:5). 여기서 예수의 '마음'을 영어로 'Attitude'(자세, 태도)로 표현하고 있다. 예수님은 빈부귀천을 가리지 않고 모든 사람을 사랑하고 긍휼히 여기며 존중하였다. 당시 유대인이 무시하고 상대하지 않았던 사마리아 여인과 대화하는 것을 보면 알 수 있다. 이렇게 상대방을 존중하여 긍휼히 여기는 태도와 자세가 예수님의 마음이다. 예수님의 마음을 가지는 것이 올바른 인격 형성의 근본이 된다.

저출산으로 후대가 귀한 시대다. 한 아이라도 복음 안에서 품위 있게 키우면 열 아들과 딸 부럽지 않다.

"모든 것을 품위 있게 하고 질서 있게 하라."(고전4:40)

31. 척박한 땅에서 찬란하게 핀 꽃

유대 땅 베들레헴에 기근이 들어 그곳에 살고 있던 엘리멜렉과 나오미 부부는 두 아들을 데리고 모압 땅으로 내려갔다. 부인과 두 아들을 남겨두고 남편 엘리멜렉이 갑자기 죽었다. 그 후 나오미는 두 아들을 모압 여인과 결혼시켰는데 '오르바'와 '룻'이다. 얼마 지나지 않아 두 아들마저 죽고 말았으니 이제 여자들 셋만 남았다.

베들레헴에 돌아가기로 마음먹은 나오미는 먼저 두 며느리에게 친정에 돌아갈 것을 권한다. '오르바'는 친정으로 돌아갔지만 '룻'은 "내게 어머니를 떠나며 어머니를 따르지 말고 돌아가라 강권하지 마옵소서. 어머니께서 가시는 곳에 나도 가고 어머니께서 머무는 곳에서 나도 머물겠나이다. 어머니의 백성이 나의 백성이 되고 어머니의 하나님이 나의 하나님이 되시리니, 어머니께서 죽으시는 곳에서 나도 죽어 묻힐 것이라. 만일 내가 죽는 일 외에 어머니를 떠나면 여호와께서 내게 벌을 내리시고 더 내리시기를 원하나이다"(룻1:16)라고 말하며 끝내 시어머니를 따라갔다.

고향 땅 베들레헴에 돌아온 나오미를 사람들은 반기지 않았다. 고향을 떠나 이방인의 땅으로 내려간 것이 흠이었다. 남편과 두 아들을 잃고 이방 여인 며느리와 함께 돌아왔으니 주위 사람들의 입방아는 당연했다.

우리 주위에도 이런 가정이 더러 있다.

부모가 이혼하여 청소년기에 많이 방황했지만 지금 교회에 잘 정착한 청년 자매를 지난주에 만났다. 믿음이 좋은 권사인 어머니와 단둘이 살고 있는데, 예전에는 남자 친구와 오래 사귀지 못했다고 했다. 사귀는 도중에 싫었던 아버지의 모습이 보였기 때문이다. 신기하게도 예수 그리스도를 구주로 영접한 이후부터 이 문제가 해결되었고, 지금 만나고 있는 남자 친구와 결혼까지 약속했다고 했다. 이 자매에게 룻기를 한번 정독해 보라고 했다.

룻기를 읽어보면 언약의 백성이 어떤 응답을 받게 되는지 알 수 있다. 하나님의 계획을 믿고 하나님이 원하시는 걸 언약으로 붙잡고 기도할 때, 하나님은 반드시 응답해 주신다.

베들레헴에 온 후 룻은 시어머니를 충심으로 모시고 순종한 것을 볼 수 있다. 시어머니 나오미의 가르침에 잘 따른 결과 룻은 보아스와 결혼하여 아들을 낳았으니 바로 다윗왕의 증조할아버지 오벳이다. 나오미에겐 친손자가 아니지만 하나님이 주신 언약의 후손이었다. 이방 여인 룻과 유력한 유대 가문 보아스와 만남은 하나님의 절대적인 계획이란 걸 나오미는 알고 있었다.

룻기 4장 16절에 '나오미가 아기를 받아 품에 품고 그의 양육자가 되니'가 나온다. 아기의 양육자가 되니 격대교육을 하게 된 셈이다. 격대교육은 세대를 건너뛰어 손자 손녀를 양육하는 것을 말한다.

룻기 4장 21절과 22절 말씀이 '살몬은 보아스를 낳았고 보아스는 오벳을 낳고, 오벳은 이새를 낳고 이새는 다윗을 낳았더라'인데, 보아스의 어머니이자 살몬의 아내가 바로 여리고 성에서 정탐꾼을 숨겨준 기생 라합이다. 이방 여인 라합과 룻을 통해 훗날 다윗왕이 탄생했으니 척박한 땅에서 복음 왕가의 꽃이 핀 것이다. 이 가문에서 훗날 예수 그리스도가 탄생하게 된다.

하나님의 기준은 세상의 기준과 다르다. 세상 사람들이 하찮게 여기는 사람이라도 하나님은 귀히 쓰시는 경우가 많다. 룻기를 읽어보라고 한 후 몇 주 지나 그 자매를 만났다. 룻기를 읽어보았냐고 했더니 남자 친구와 같이 읽었고, 함께 다윗의 언약을 붙잡았다고 했다. 결혼하여 자녀가 태어나면, 자기가 주 양육자가 되겠지만 어머니께 양육을 부탁할 예정이라고 했다.

 아브라함 가문은 4대째 애굽 총리 요셉을 낳았고, 보아스 가문은 4대째 다윗 왕을 배출했다. 미국의 케네디 가문도 아일랜드에서 이주한 이후 4대째 대통령이 나왔다. 자기도 결혼하여 4대째는 세계 선교할 수 있는 최고의 지도자가 나오도록 기도해야겠다고 말했다.

 예수님을 구주로 영접하면 누구든지 하나님의 자녀가 되고 언약의 백성이 된다. 언약의 백성이 하나님의 말씀을 붙잡을 때 말씀을 성취하시고 이루시는 분이 하나님이시다. 중요한 것은 우리가 받은 정확한 복음과 언약을 후대에 바르게 전달해야 한다는 점이다.

 가정에서 하나님의 말씀을 언약으로 붙잡도록 하자. 이것이 가훈이 될 수 있다. 언약을 실천해 나가는 가정 문화, 즉 가풍을 만들면 이 언약은 후대까지 전달된다. 이혼이나 사고 등으로 가정이 상처를 입었다고 할지라도 언약의 백성이 되어 복음을 후대까지 전달하는 복음 왕가를 이룰 수 있다. 척박한 땅이지만 찬란하게 꽃을 피울 수 있다. 재앙 속에서 세상을 살리고 후대까지 복음을 전달할 수 있는 복음 왕가가 바로 찬란하게 핀 꽃이다.

32. 복음 왕가의 시작은 한 부모로부터

몇 년 전 아카데미상 작품상을 받은 〈그린 북〉을 아내와 함께 영화관에서 보았다. 1962년 뉴욕에서 있었던 실화를 바탕으로 만들어진 영화다. 주인공 흑인 피아니스트 돈 셜리 박사는 교양 있고 품위 있는 좋은 양육자를 만났다. 세 살 때부터 피아노를 배웠고, 당시 이름난 레닌그라드 음악대학에 유학한 후 귀국, 백악관에서 세 번이나 연주할 정도로 뛰어난 피아니스트였다. 무엇보다 그의 우아하고 교양 있는 말과 바른 행동에 감동을 받았다. 어려서부터 바른 교육을 받고 자랐다는 증거다.

어느 날 돈 셜리 박사는 아직도 인종 차별이 심한 미국 남부 지역을 돌며 연주하기로 결심하고, 여러 지인이 추천한 백인을 운전기사로 채용하게 된다. 이 사람은 원칙보다는 반칙을, 법보다는 주먹이 먼저 나가는 다혈질의

사나이로 토니 발레롱가라는 사람이다.

 투어 도중 어느 고속도로 휴게실에 들렀을 때의 일이다. 토니가 가판대에서 땅에 떨어진 인형 한 개를 호주머니에 넣었고, 돈 셜리가 이 장면을 보았다. 운전석에 앉자 그 인형을 제자리에 갖다 놓고 주인한테 사과하고 오라고 권한다. 그럴 수 없다고 말하는 토니를 끝까지 갖다 놓고 오게 했다. 정중하면서도 단호한 그의 말에 토니는 따르지 않을 수 없었다. 부모 혹은 조부모로부터 올바른 교육을 받은 돈 셜리의 삶이 눈부셨다.

 영국의 경험주의 철학자이자 교육사상가인 존 로크는 인간의 백지설을 주장했다. 인간의 뇌는 아무것도 그려져 있지 않은 하얀 백지와 같은 상태로 태어난다는 것이다. 아이의 뇌는 주변 환경과의 상호작용을 통하여 이 빈 방 즉 전두엽, 측두엽, 후두엽 등을 하나씩 채워 가면서 성숙한 인간으로 자라간다. 이 이론이 백지설로써 교육만능론이라고 한다. 한 아이가 태어난 이후 누구를 만나느냐가 아주 중요하다. 한 아이의 인생으로 끝나는 것이 아니라 먼 후대까지 연결된다.

 조나단 에드워드 가문과 마커스 슐츠 가문의 비교에서도 잘 나타나 있다. 이 두 사람은 같은 시대 사람인데 시작을 어떻게 하느냐에 따라 엄청난 차이가 났다. 하나님 중심의 삶을 사는 에드워드 가문은 대학 총장 12명을 비롯하여 미국에 큰 도움을 주는 후손들이 많이 나와 명문가가 되었다. 세상의 원리에 따라 인생을 살았던 마커스 슐츠 가문의 후손은 말할 수 없는 폐인들의 집합소였다. 정신병자와 약물중독 등을 치료하는 등 이 가문을 위해 소요된 국가 예산이 1억 5천만 달러에 달했다고 한다.

 올해 초 JTBC 오디션 프로그램인 '싱어게인1'에서 대상을 받은 가수 이승윤이 그리스도인들에게 화제가 된 적이 있다. '주님의 교회'와 '한국기독교선교100주년기념교회' 담임목사로 섬기다 2018년 은퇴하여 거창 어느 산골에 낙향해 살고 있는 이재철 목사의 셋째 아들이다.

 이재철 목사는 아들 4형제를 키웠는데, 첫째는 변호사, 둘째는 대중문화를 다루는 유튜브 채널 '천재 이승국' 운영자이고, 셋째는 가수 이승윤, 막내는 당시 독일 라이프찌히대학에서 미술을 전공하고 있었다.

 이재철 목사는 저서 〈아이에게 배우는 목사 아빠〉에서 "아이의 생김새가 다르듯, 재능이 다르다. 네 아들 모두 실수할 수 있는 자유를 누리게 하고 싶다"고 하는 자녀 교육 철학의 소유자다. 특히 개인의 자유만큼 가족의 소중함도 중요하다는 점을 어려서부터 강조하여, 매주 금요일 저녁 식사하고 소통하는 '가족의 날'을 정했다고 한다. 가훈은 "바른 마음으로, 바르게 생각하고, 바르게 행동해서, 바른길을 가자"이고, 이를 실천하기 위해 가풍을 세웠다. 첫째는 자립, 무엇을 하든지 스스로 한다. 둘째는 예의, 모든 인간관계에서 최우선은 예의다. 셋째는 정리 정돈, 내가 거쳐 간 자리를 다른 사람이 치우게 해선 안 된다. 마지막 넷째는 섬김과 봉사, 내가 무엇을 하든 누군가를 위한 봉사 혹은 섬김이어야 한다.

 성경에 나온 인물 중에 아브라함이 대표적이고, 요게벳, 라합도 복음 왕가의 시작을 이룬 사람들이다. 이 글을 읽고 있는 당신 한 사람부터 시작하면 복음 왕가를 이룰 수 있다.

33. 후손에게 꼭 남겨야 할 유산이 있다면

    지난 4월 28일, 매스컴을 통해 전 삼성그룹 회장, 故 이건희씨의 유산 상속에 대한 자세한 내용이 공개되었다. 유산은 삼성전자 등 주식 19조원, 미술작품 2조5000억~3조원, 한남동 자택 등 부동산을 더해 총 26조원이 넘었다. 고故 이건희 회장은 평소에 "선친(故 이병철 회장)께서는 '살아생전에는 절세도 하고 낭비를 줄여 부를 축적해야 하나, 사람의 최종 마무리는 상속세로 나타난다.'고 말했다"면서 국민이 납득할 세금을 내야 한다고 말했다. 유족은 고인의 뜻에 따라 전 재산의 60%를 사회에 환원키로 했는데, 주식·부동산 등에 대한 상속세 12조원은 국가에 납부, '이건희 컬렉션'으로 불리는 미술작품 중 2만 3000여점은 국립기관 등에 기증하고, 상속세와 별도로 의료발전을 위해 1조원을 추가로 기부키로 했다. 애플 창업자 스티브 잡스 유족이 낸 상속세보다 3배나 많았다고 하니 유산 상속에 관한 세계 최고의 토픽뉴스라고 생각한다. 우리 한국은 세계에 유례가 없을 정도로 빠른 기간에 경제 대국이 되었다. 삼성, 현대, LG등의 재벌이 그 역할을 해왔는데, 우리나라를 세계 선교 국가로 세우기 위해 하나님이 이런 재벌을 세웠다는 생각이 든다.

다음은 갈라디아서 4장 4절~5절의 말씀이다. "때가 차매 하나님이 그 아들을 보내사 여자에게서 나게 하시고, 율법 아래 나게 하신 것은 율법 아래 있는 자들을 속량하시고 우리로 아들의 명분을 얻게 하려 하심이라." 초대교회 당시 로마제국은 언어(코이네 헬라어)와 화폐(아틱 은화)를 통일시키고, 로마 가도로 교통망을 완비하고 지중해 해상 장악에 이르기까지 완벽한 세계 선교 시스템을 구축하였다. '때가 차매'에서 때의 의미는 이처럼 완벽하게 복음을 전파하기 위한 시스템을 구축한 후 그리스도인 예수님을 보낼 수 있었다는 그때를 말한다. 청교도 이주민들로 시작된 미국이 언어(영어)와 화폐(달러)의 통일과, 전 세계 경찰국가로서의 틀을 갖춰 세계 제일의 선교 국가가 된 것도 하나님의 계획이요 은혜이다. 우리나라가 세계 선교의 주역 국가로 쓰임 받기 위해 비록 불신자 가문이지만 규모를 갖춘 삼성가를 선택한 것이 하나님의 계획이라고 생각하니, 세계를 떠들썩하게 한 유산 상속 뉴스도 이해가 되었다.

유산 상속에 대한 관점을 우리 후손 쪽으로 돌려 우리가 후손을 위해 물려줄 유산을 세 가지 생각해 보자.

첫째는 영적인 유산이다. 지금 시대를 정신병, 마약 시대라고 한다. 최근 가족 간 존속 살해와 각종 묻지 마 살인 등 정신이 온전치 못해 주위에 피해를 주는 사건이 연일 뉴스에 오르내린다. 선진국일수록 각 가정에 정신질환자들이 더 많다는 것도 이미 오래전에 알려진 사실이다. 병원에서 완벽하게 치료할 수 없는 정신병, 조현병, 공황장애, 우울증 등은 영적인 병이다. 물질적 풍요와 발전된 문명, 편리한 생활패턴이 이런 영적인 병을 가속화하고 있다. 오직 이 세상을 창조하신 하나님만이 이 모든 질병을 치료할 수 있다. 참 복음 가진 후손이 세계 선교의 언약을 갖게 된다. 그리스도로 오신 예수님을 구주로 영접하여 하나님 자녀로서의 신분과 권세를 가진 양육자가 먼저 행복을 누려야 한다. 그 후 세계 선교의 언약을 가슴에 품고, 가정과 삶의 현장에서 이 복음을 후대에 전하는 것이다. 이들이 영적인 유산을 후대에 바르게 전달하는 사람들이다.

둘째로 후손이 살아갈 자연환경이다. 산업혁명 이후 환경오염으로 삶의 터전이 망가지고 있고, 지구 온난화로 이상기후가 지구촌에 만연하고 있다. 한 번도 경험하지 못했던 폭염과 혹한, 홍수 등의 자연 재앙이 전 세계 곳곳에서 일어나고 있다. 우리가 버리는 쓰레기도 심각한 상태다. 비닐이나 플라스틱은 썩어 없어지는 데에 무려 500년이 걸린다. 하와이 섬 북동쪽으로 1600㎞ 떨어진 곳에 바다에 둥둥 떠다니는 거대한 쓰레기 섬이 1997년에 발견된 적이 있다. 대한민국 국토 면적의 약 16배 정도의 크기이고, 섬(쓰레기)의 무게는 8만 톤에 달했다. 수많은 해양 생물들이 먹이로 잘못 알고 먹었다가 고통스럽게 죽어갔고, 쓰레기 섬 주변의 물고기 35%의 뱃속에서 미세 플라스틱이 발견되었다고 한다. 우리가 버린 쓰레기를 먹은 물고기를 식탁에서 만나고 있는 셈이다. 작은 것부터 실천하면 된다. 개인이 일상생활에서 사용하는 종이컵과 비닐, 플라스틱 등 사용을 절제하는 것은 가능하다. 국가와 UN 기구, 환경 단체 등은 자연환경 보존을 위해 더 갱신해야 하며, 이런 기구에 주역이 될 후손을 키울 수 있는 것도 우리가 남겨야 할 유산이다.

 셋째로 복음 가진 가정, 즉 '복음 왕가'를 후대에 남기는 것이다. 사람의 몸에 가장 중요한 곳이 심장이다. 심장에서 피를 머리부터 발끝까지 보내야 세포가 죽지 않고 살아서 생명체의 구실을 하게 된다. 국가나 사회에서 가정이 그 심장의 역할을 하고 있다. 가정이 무너지면 국가도 무너진다. 가정의 중요성을 우리는 잘 알고 있다. 5월 가정의 달을 맞이하여 후대에 물려줄 유산에 대해 포럼해보자. 복음왕가의 시작이 될 수 있다.

34. 간절한 기도가 낳은 결과는

꽤 오래전에 보았던 이란 영화로 '천국의 아이들'(감독:마지드 마지디)이 있다. 이란의 수도 테헤란 변두리 한 가난한 동네에 오빠 알리와 여동생 자라가 부모와 같이 살고 있었다. 어느 날 알리는 동생 자라의 신발을 수선가게에서 수선해 집으로 돌아오던 중에 그 신발을 잃어버리고 말았다.
 부모께 폐를 끼치지 않고자 철든 알리는 동생한테 신발을 찾을 때까지 자기 신발을 같이 신자고 제안했다. 오전반인 동생 자라와 오후반인 오빠 알리가 신발 하나로 등하교하려면 거리가 꽤 먼 학교까지 뛰지 않으면 안 되었다. 동생은 수업이 끝나자마자 오빠한테 신발을 주기 위해 온 힘을 다해 집으로 뛰어왔고, 기다리고 있던 오빠는 신발을 받아 신고 곧바로 학교로 뛰어가는 모습이 지금도 눈에 생생하다. 어느 날 알리는 학교에서 달리기 대회가 열리는데 3등 상품이 신발이란 걸 알게 되었다. 신발을 가질 수 있는 절호의 기회가 생겼으나 아쉽게도 출전 등록 기간이 이미 지나버렸다. 이를 포기할 수 없었던 알리는 담당 선생님께 간절히 조르고 졸라 예비 테스트까지 받고서야 겨우 출전권을 얻어냈다.

 달리기 대회가 열리는 날, 신발 하나의 위력은 강력했다. 선두그룹에 올라선 알리는 마지막 결승선을 앞두고 나머지 네 명과 함께 각축전을 벌이게 되었다. 반드시 3등을 해야 신발을 타게 된다. 1, 2등으로 앞서게 되면 뒤로 약간 빠져 3등자리로 내려가야 하는데, 그게 쉽지 않다. 정말 3등을 향한 간절한 알리의 모습이 보는 이로 하여금 가슴 졸이게 했다. 마침내 선두그룹이 한데 어울려져 결승선을 통과했는데 어쩌다 1등을 하고 말았다. 1등을 하면 기뻐해야 하는데 오히려 울고 있는 알리', 3등의 신발이 목표였으니까 당연했다. 이처럼 간절함을 가졌던 알리는 결국 1등 상품뿐만 아니라 신발까지 선물로 받게 되었다.

 신약성경에 이보다 더 간절함을 가진 한 여인이 있었다. 마가복음 5장 25절에 기록된 열두 해 동안 혈루증을 앓은 여인이다. 많은 의사에게 괴로움을 받았고, 갖고 있던 재산도 다 허비했지만, 아무 효험이 없고 도리어 더 중하여겼다고 했다. 그러던 차에 예수님의 소문을 듣고 예수님의 옷에 손만 대어도 나을 거라는 확신을 갖게 되었으며, 아픈 몸이지만 간절한 심정으로 무리 사이를 뚫어 예수님의 옷에 손을 대었다. 당시 많은 무리가 예수님의 몸에 손을 대거나 옷자락을 잡기도 했으며, 심지어 예수님의 손도 잡았지만 예수님은 단번에 그 혈루증 여인의 옷자락 만짐을 알아차렸다.

간절함을 갖고 있다고 해서 모두 올바른 응답을 받는 것은 아니다. 내가 어릴 때 살았던 고향 마을에 큰 기와집이 있었다. 그 집에 가면 레코드판을 돌리는 유성기와 일본에서 수입한 일제 라디오 등 신기한 물건이 많았다. 당시 사월 초파일이 되면 그 기와집에서 큰 잔치가 열려 뒷산 절에서 온 스님의 인도로 온 가족이 불공드리는 모습이 눈에 선하다. 그때 좋지 않은 기억이 딱 하나 있다. 그 기와집에 아주 예쁜 외동딸이 있었는데, 어떻게 된 셈인지 어느 날부터 미쳐서 헝클어진 머리와 이상한 눈빛에, 우리들이 늘 도망을 다녔다. 딸을 치료하고자 불공드리는 날이 점점 늘어났다. 외동딸이니까 더 간절해졌음에 틀림없었다.

세월이 흘러 고향을 방문하게 되면 그 기와집은 점점 쇠퇴하였고, 지금은 폐가가 되었다. 간절함을 담은 기도라도 기도의 대상이 대단히 중요하다. 예수 그리스도를 통한 창조주 하나님께 드리는 기도가 올바르다.

  질병으로 고통 받는 딸과 무엇을 해야 할지 몰라 방황하는 아들을 둔 어머니의 간증을 들은 적이 있다. 딸과 아들에 대한 확실한 언약이 있었고, 그 언약은 반드시 성취될 것이라는 믿음을 갖고 간절히 기도했다고 한다. 마침내 이 기도가 성삼위 하나님의 보좌를 움직여 시공간을 초월하는 하나님의 능력이 임하게 되었다.

  딸은 완치되어 컬럼비아대학에서 석사와 박사 학위를 받고 대학교수가 되어, 미국 현장뿐만 아니라 아프리카와 남미의 현장을 살리고 있고, 아들은 미 육군의 군목이 되어 미국의 장병들을 복음으로 살리고 있다. 그리스도 언약을 붙잡은 어머니의 간절한 기도는 반드시 응답이 된다는 사실을 실제로 보았다.

  히브리서 11장에 믿음은 바라는 것들의 실상이라고 했다. 믿음은 '간절히' 바라는 것들의 완벽한 실상이 될 것이다.

35. 왕을 키우고 있는 사람들

 2021년 6월, 제1야당 '국민의 힘' 전당대회에서 국회의원 경력도 없는 L후보가 당 대표로 선출되었다. 전통의 보수정당에서 30대 당수 탄생은 헌정사상 처음 있는 일이다. 1980년대 초반에서 1990년대 중반까지 '밀레니얼 세대'와 1990년대 중반부터 2000년대 후반 출생한 'Z세대'를 아울러서 MZ세대라고 하는데, L신임 대표는 밀레니얼 세대에 속한다. 휴대폰, 인터넷 등 디지털 환경에 친하고, 변화에 유연하며, 새롭고 이색적인 것을 추구하는 특징이 있다. 이런 MZ 세대 청년이 정치 지도자의 반열에 올랐으니, 정치권뿐만 아니라 세상 사람들의 관심이 클 수밖에 없다. 경험과 경륜이 부족하다고 우려하는 사람들도 있고, 변화를 요구하는 시대적 요청에 부응했다고 반기는 이들도 있다. 이때 격대교육하는 조부모들은 자기 후대가 이런 비중 있는 자리에 오를 수 있도록, 변화하는 시대에 맞는 지도자가 되도록 도전의 기회로 삼으면 좋겠다.

플라톤의 국가론을 보면 '정치의 길잡이' 편에 네 가지 덕목으로 지혜, 용기, 절제, 정의를 말하고 있다. '이상 국가' 편에는 철학과 체육, 음악, 수학, 기하학(평면,입체), 천문학뿐만 아니라 화성학까지 익혀야 하며, 더 나아가 종합적인 인식 능력을 키우는 논리적 변증술까지 갖춰야 통치자로서 자격이 된다고 했다. 이처럼 지도자가 갖추어야 할 것이 많다.

동양에서는 지도자가 갖추어야 할 것이 더 많다. 사람이 갖추어야 할 다섯 가지 도리로 인의예지신을 강조한다. 어질고, 의롭고, 예의 있고, 지혜로우며, 믿음이 있어야 한다는 오상五常이다. 귀족과 제왕의 자제를 위한 기본 소양 교육으로는 육예가 있는데, 예절, 음악, 활쏘기, 수레몰기, 글자, 산술로, 오늘날 바른 생활, 음악, 체육, 국어, 산수와 같은 과목이다. 그 이후 소학과 관련된 교과목을 공부하고, 철학과 역사를 중심으로 하는 대학 수준의 차원 높은 학문을 익히고 토론해야 지도자의 위치에 오를 수 있다고 한다. 지도자의 길은 쉽지 않는 길이다.

오늘날 우리 주위에 왕을 키우고 있는 사람들이 있다.

시대의 흐름을 알고, 흐름을 바꿔 새 흐름을 만드는 이 시대의 왕을 키우고 있는 사람들로써, 참 복음을 알고 있는 참 그리스도인들이요, 후대를 살리고자 언약을 가진 성도들이다. 모든 인간은 왕으로 태어난다는 것을 알고 있어서, 전 세계 70억이 넘는 사람들 각자는 하나님의 최고 작품으로 모두 유일성의 달란트를 갖고 태어난다고 믿고 있다. 그런데 이를 알지 못하게 하고, 인간 자신의 정체성을 잃게 하여 노예로 살게 하는 흑암 세력이 있다. 이 단체는 창세기 3장에 나오는 사탄, 곧 마귀의 영을 받아 전 세계 인간을 노예화하고 있다. 이들은 산업혁명과 제국주의를 이용해서 인간의 존엄성을 무시하고 기능만 살려, 공장이나 전쟁터에서 쉽게 활용할 수 있는 도구를 만들기 위해 학교라는 틀을 만들었다고 한다. 이것이 공교육의 시작이다. 이 학교에서 가르치는 것은 시키는 대로 잘할 수 있는 효율적인 도구를 만드는 교육으로, 개인의 특기도 그 도구로 사용된다.

 하나님의 형상을 닮은 개인은 왕 같은 제사장으로 반드시 존중받아야 하고, 하나님이 개인에게 주신 유일성의 달란트를 귀히 쓸 수 있도록 해야 한다. 자신의 아이를 왕으로 삼고, 하나님이 주신 유일성의 달란트를 찾아, 한 분야의 왕으로 살 수 있도록 제왕교육帝王敎育을 하는 사람들은 시대를 살리는 사람들이다. 하나님의 형상대로 창조된 왕의 정체성을 어릴 때부터 각인시킨다. 만물을 창조하고 다스리는 전능하신 하나님의 자녀라는 신분과 권세를 누리며, 어떤 상황에서도 주눅 들지 않고 환경에 휘둘리지 않도록 기도하며 키운다. 정체성이 확실하다면 영적 상태는 항상 안정되어 있다. 영적 상태가 안정되어 있을 때는 비록 위험이 닥쳐와도 흔들리지 않고 기회로 삼으며, 오히려 하나님의 말씀을 언약으로 붙잡을 수 있는 자세를 갖추게 된다.

거제도에 가면 미래의 왕을 키우는 학교가 있다. 두 가정이 한 아파트에 살면서 아빠와 엄마가 교사가 되어 운영하는 가정 학교다. 초등학생 두 명과 막내 유치원생 한 명을 둔 가정과, 초등학교 고학년 두 명을 둔 가정이다. 낮에는 엄마 둘이 다섯 아이의 교사가 되고, 저녁에는 퇴근한 아빠들이 교사가 된다. 물론 휴일에는 모두 한 공동체가 된다.

가정 학교를 시작하게 된 계기를 듣고 이해가 되었다. 한 아이가 초등학교에 입학하게 되었는데, 입학 후 얼마 되지 않아 학교를 그만두게 했다. 학교에선 성적에 대한 경쟁심을 부추겨 창의적인 교육이나 올바른 지적 교육이 어렵고, 욕설과 같은 상스러운 언어를 배워 인성적인 측면에서 부적합하다고 판단하여 공교육을 포기했다고 그 이유를 밝혔다.

 2018년 여름, 그곳을 방문했을 때, 거실에는 단아하게 책상이 몇 개 놓여 있고, 빙 둘러 책장에는 책으로 가득했다. 독서를 통한 포럼은 매일 자연스레 진행되었고, 전국과 전 세계 탐방을 통한 체험학습은 공교육 학교에서 쉽게 할 수 없는 교육활동이었다. 가정에서 독서와 하나님께서 만드신 이 세상을 교보재로 삼아 포럼해 보자. 자녀의 달란트를 찾아주고, 전문가를 만나게 해서 전문성을 키우며, 현장에 적용할 수 있는 능력을 갖추도록 인턴십을 실시하면 이것이 바로 제왕교육이다. 이렇게 왕을 키우고자 하는 사람들이 모임을 만들고, 전국과 전 세계에 네트워크를 만들면, 시대를 살리는 지도자는 계속해서 나올 것으로 확신한다.

36. 할머니께 금메달 2개를 걸어드린 손자

 2020 도쿄 하계 올림픽 경기가 코로나19로 연기되어, 2021년 7월 23일부터 8월 8일까지 일본에서 거행되었다. 한국은 금메달 6개를 양궁에서 5개, 체조에서 1개를 획득했다. 한국 최연소 금메달리스트는 당시 17살의 고등학교 2학년 K선수다. 양궁 남자단체전과 남녀 혼성 전에서 금메달 2관왕을 이루었다.
 부모 이혼으로 여섯 살 때부터 할머니 손에 컸는데, 현재 할머니는 요양원에, 아버지는 지난해 뇌졸중으로 쓰러져 K선수가 소년 가장이다. 초등학교 6학년 때인 2016년 SBS TV 예능 '영재발굴단'에 출연해, "올림픽 국가대표가 돼 할머니 목에 금메달을 걸어드리는 게 꿈"이라고 했다. 금메달 2개를 할머니 목에 걸어드렸으니 꿈을 크게 이룬 셈이다.

K군을 훈련시킨 코치는 남보다 더 열심히 연습하고 자기 관리를 철저히 하며 승부에 집중하는 능력을 갖고 있다고 말했다. 항상 예의 바르고 활기가 넘친다고 했는데, 이것은 어릴 때부터 할머니가 키웠기 때문이라 생각된다. '천재 소년 궁사'라고 불리는 데 대해 사람들에게 K군은 이렇게 말했다.

"저 자신이 저를 봤을 때 '천재나 재능 있다' 이건 아니고 노력을 하면서 즐겼던 것 같습니다. 제 자신이 재미있어 하고 즐기면서 자신 있게 하지만 천재는 아닙니다. 저도 처음에 활을 잡았을 때 잘 쏘진 못했습니다. 처음부터 잘 쏘는 사람은 없을 겁니다. 아마 양궁을 하면서 노력을 하고 재미를 붙이면서, 시합에선 제 것을 보여주며 차근차근 쌓아갔던 것 같습니다."

 공자는 논어 옹야편에 "아는 사람은 좋아하는 사람만 못하고, 좋아하는 사람은 즐기는 사람만 못하다"고 했다. "천재는 노력하는 사람을 이길 수 없고 노력하는 사람은 즐기는 사람을 이길 수 없다."고 독일인 심리치료사인 롤프 메르클레는 말했다. 노력하게 되는 것은 재미있고, 즐거워야 지속 가능하다. K군은 활을 쏘는 것이 재미있고 즐거워서 노력하게 되었고, 그 결과 금메달을 땄던 것이다.

 옛날에 내가 근무했던 학교에 농구부가 있었다. 1990년대 중반 한국 최고의 선수들을 배출한 부산에 있는 D

고등학교다. 당시 연습벌레로 소문난 한 선수가 있었는데, J선수다. 이른 아침 학생들이 등교하기 전인데도 체육관에서 연습하고 있는 장면을 여러번 보았다. 이 선수는 프로 입단해서 마침내 그 빛을 발했다. 고려대 농구부 감독과 대한민국 국가 대표 감독을 역임했다.

  J선수도 할머니 손에서 자랐다. 어려운 가정 환경 속에서 할머니의 양육은 영향력이 컸다. 고려대학교에 들어갔으나 어려운 가정형편 때문에 2학년을 중퇴하고 프로에 입단했다. 프로에 입단해서도 피나는 연습은 계속되었다. 당시 감독 표현에 의하면, "밥 먹고 잠자는 시간 빼고 운동만 하길래 오히려 내가 말릴 지경이었다.'고 말했을 정도다.

  속담에 '연습은 대가를 만든다.'고 한다. 연습을 통해 목표를 이룰 수 있다는 것은 누구나 알고 있는데, 생각보다 마음대로 되지 않는다. 연습할 수 있는 힘을 갖고 있느냐가 관건이다. 연습할 수 있는 힘은 재미있고 즐거워야 가능하다. 이것은 어렸을 때 누구와 함께 지내느냐에 달려있다.

  위의 사례에서 할머니 역할이 돋보이는 이유는 손자를 대하는 자세가 부모와 다르기 때문이다. 손자가 하는 것을 응원하고 지지하는 것은 할머니의 무조건적인 사랑에서 비롯된다. 할머니 자신의 자존심이나 체면은 안중에도 없고 오직 손자만 바라본다. 부모는 자신의 자존심과 자식에 대한 욕심 때문에 이러기가 힘들다. 옆집 아이, 친구 아들과 딸, 앞서가는 또래들이 눈에 먼저 들어온다. 사람들이 부러워하는 명문 대학, 좋은 직장, 전문직으로 가는 길을 너무 잘 알아서 자신의 아이를 가만두지 못한다. 더 큰 문제는 아이보다 부모 자신의 자존심 때문이다. 아이가 목표한 지점에 도달하지 못하면 부모는 화를 내기 쉽다. 얼떨결에 나온 말 한마디가 아이에겐 상처가 되고, 일어서서 도전할 힘을 잃게 만든다.

 아이의 아픔을 먼저 생각하고, 아이의 자존감을 세우기 위해 끝까지 지지하고 응원하는 양육자가 필요하다. K선수와 J선수는 이런 양육자인 할머니를 만난 것이다.

 사무엘상 1장 23절에 한나는 하나님께 구하여 낳은 아들 사무엘을 양육하여 기르다가 젖을 떼자, 아이를 여호와께 드리겠다고 결단하고 엘리 제사장에게 맡겼다.

 사무엘에겐 할아버지뻘쯤 되는 엘리 제사장이 손자 같은 어린 사무엘을 잘 돌보았다고 본다. 자기 아들 홉니와 비느하스의 교육은 실패했다. 사무엘상 2장에 '내 아들들아 그리하지 말라 내게 들리는 소문이 좋지 아니하니라'고 애걸하는 장면이 나온다. 어릴 때 교육하지 않으면 돌이킬 수 없다.

하나님께 온전히 맡긴 한나의 믿음과 엘리 제사장의 돌봄에 힘입어 사무엘은 자라서 이스라엘의 사사가 되었고, 미스바 운동을 통해 전 이스라엘 백성이 새롭게 태어나는 계기를 만들었다.

후대를 왕으로 키우는 부모와 조부모는 자녀를 왕으로 삼고 무조건적인 사랑으로 존중하자. 자기 분야에서 최고 전문가가 되어 금메달을 딸 수 있을 것이다.

37. 후대가 노벨상을 받을 수 있으려면

1900년 알프레드 노벨에 의해 노벨 재단이 설립되고 이듬해 1901년부터 6개 분야의 노벨상이 시상 되었는데, 경제학상, 생리의학상(의학상), 물리학상, 화학상, 문학상, 평화상이다.

노벨은 인류에 가장 큰 공헌을 한 사람이나 단체에 매년 상을 수여하라는 유언장을 남겼고, 유언장에는 900만 달러 상당의 유산을 기금으로 하고, 상금으로 매년 분배하도록 적혀 있다. 알프레드 노벨은 1833년 스웨덴 스톡홀름에서 태어나 상트페테르부르크(러), 프랑스, 미국 등지에서 기초공학, 화학을 수학했으며, 스웨덴에 돌아와 폭발성이 강한 위험 물질인 니트로 글리세린에 관한 수차례 실험 끝에 1867년 다이너마이트를 발명하였다. 다이너마이트가 군사적으로 이용되는 걸 싫어했던 알프레드 노벨은 후에 유언으로 유산의 94%를 기부, 노벨상을 설립하게 된 것이다.

　노벨상을 받는다는 것은 한 분야의 왕이 되는 것이다.

　오늘날 노벨상을 가장 많이 받은 민족은 유대인이다. 알프레드 노벨이 유대인이라고 해서 그런 것은 아니다. 유대인은 어렸을 때부터 아버지와 1:1 질문과 토론을 통해 창의력을 키우는 하브루타를 행한다. 많은 책을 읽고 토론함으로써 충분한 지식을 축적하게 되는데, 이것이 노벨상을 받게 되는 힘이 된다. 우리도 유대인 못지않게 아이를 잘 키워야 하는데, 최근에 좋은 책을 한 권 발견했다. 〈4~7세보다 중요한 시기는 없습니다/이임숙〉로, 이 책이 내 아이를 왕으로 키울 수 있는 길잡이는 되겠다고 생각했다. 핵심 내용은 아이의 정서와 인지를 균형 있게 발달시키고, 주의력과 자기 조절력을 갖출 수 있도록 키운다는 점이다.

　독서를 통한 배경지식과 다양한 경험을 통한 암묵적 지식 키우기, 찾기 놀이, 듣고 말하기 놀이, 기억 놀이를 통한 주의력 키우기, 하고 싶지만 참아야 하고, 꼭 해야 하는 건 조금 힘들어도 해내는 자기 조절력을 키우면 공부력이 뛰어난 아이로 키울 수 있다고 했다. 주어진 과제를 쉽게 이해하기 위해서는 배경지식과 경험과 학습에 의해 몸에 쌓인 암묵 지식의 정도가 학습 능력에 크게 영향을 미친다고 보았다. 주의 집중 기술이 학업 성취의 결정적 요인이 되며, 학업 성취는 지적 능력만으로는 설명될 수 없으며 동기와 정서 상태에 따라 달라진다고 했다. 과제의 속도와 정확성을 효율적으로 수행하기 위해서는 자기 조절력이 중요하며, 자기 조절력이 집중을 방해하는 다른 자극들을 통제한다고 했다. 맞는 말이다.

저자는 공부를 시작하는 4~7세 아이에게 가장 중요한 3가지 요소, '지식, 주의력, 조절력'을 강조했다.

첫째로 지식이다. 지식에는 배경지식과 암묵 지식이 있다. 배경지식이란 어떤 대상과 관련해서 알고 있는 지식이나 경험, 혹은 글을 읽고 이해하는 데 바탕이 되는 경험과 지식을 말하는데 주로 독서를 통해서 얻을 수 있다.

암묵 지식은 말로 표현할 수 없지만 그냥 척 보면 알 수 있는 것으로, 지혜와 통찰력과 관련이 있다. 예를 들어 친구들과 함께 놀 때 따로 가르치지 않아도 규칙을 잘 지키고, 잘 못 하는 친구를 도와주는 아이, 똑같은 과제를 내줘도 별로 어렵지 않게 뚝딱 해내는 아이는 암묵 지식을 충분히 갖춘 아이다.

배경지식과 암묵 지식이 균형 있게, 통합적 지식으로서 온전하게 발달하도록 도와줘야 정서와 인지 발달이 균형

잡힌, 평생 가는 공부력을 지닌 아이로 성장할 수 있다.

둘째로 주의력이다. 주의력은 원하지 않더라도 필요한 곳에 집중하는 능력을 말한다. 주의력이 낮으면 대화하거나 수업할 때 부모님과 선생님의 말씀에 귀 기울이는 힘이 부족하다. 아이는 마음껏 뛰어놀고 자율성을 발휘해야 한다. 잔소리가 심해지면 스트레스로 집중하지 못하고 안절부절못하게 된다. 우리 아이를 주의력이 좋은 아이로 키우고 싶으면 아이의 마음을 진정시키고 아이의 말과 행동에 공감적 관심을 가져야 한다.

셋째로 자기 조절력이다. 목표 달성을 위해 스스로 과제를 설정하고, 외부에서 발생하는 방해 요인을 극복하고, 자신의 정서와 동기를 조절해 행동하는 능력이다. 러시아 심리학자 레프 비고츠키는 자기 조절력을 '아이가 말로 자신의 목표를 표현하고, 그 목표에 주의를 집중하고, 동기를 지속시키는 행동을 계획하고 조직화하는 능력'으로 봤다. 한마디로 상황에 따라 감정과 요구를 변화시키며 세상에 적응하는 능력을 말한다.

이렇게 '지식, 주의력, 조절력'을 갖춘 아이는 왕이 될 수 있고, 아울러 노벨상 수상자의 반열에 올라설 수 있다. 연륜이 있어 수많은 경험을 갖고 있고, 무엇보다 그리스도를 통한 구원의 비밀을 알고 있으며, 하나님이 원하시는 것을 언약으로 붙잡고 기도하면 반드시 응답 된다는 믿음을 갖고 있는 조부모들이 이 역할을 하면 가장 최적이다.

38. 탄탄한 체력에 지력을 갖추려면

태어난 지 27개월밖에 되지 않은 세 살 아이가 철봉에 약 5초간 매달려 있었다고 하면 믿을 수 있겠는가? 실제로 있었던 일이다. 평소에 엄마는 아이의 건강을 위해 식단에 최선을 다했다. 아빠는 태어난 지 얼마 되지 않는 아이의 손을 손가락으로 잡아 매달리게 하고, 엎드려 기기 시작했을 때부터는 온몸으로 아이와 같이 놀아준 결과이다.

부모가 체력이 좋으면 선천적으로 아이도 체력이 좋다고 하지만 꼭 그런 것만은 아니다. 이 아이 아빠는 체력이 좋은 편이다. 엄마는 체력이 좋지 못해 아침에 일어나 물 한 컵도 제대로 들기 힘들어 했다. 틀림없이 아빠 체력을 많이 본받았다고 생각되지만, 어디까지나 엄마와 아빠의 노력이 이 아이 체력을 높였다고 본다.

영국의 철학자, 정치사상가로 교육에 많은 관심을 가졌던 존 로크는 '귀한 자식 이렇게 가르쳐라'며 손수 〈교육론〉을 썼다. 이 책에 따르면 체력을 가장 우선시하여 책의 앞부분에 건강에 대해 상세히 기록했는데, 건강관리 수칙으로 다음과 같이 길게 열거했다.

바깥 공기를 충분히 마시게 하고, 운동을 시키고, 잠은 충분히 재우고, 식사는 검소하게 하며, 와인이나 알코올성 음료는 절대 마시지 못하게 하고, 약은 거의 또는 전혀 복용하지 못하게 하고, 너무 따뜻하거나 꽉 끼이는 옷은 입히지 말고, 특히 머리와 발은 차게 유지하고, 발은 자주 찬물에 씻는 습관을 들이도록 해야 한다고 했다. 특히 꽉 끼는 옷으로 아이를 옥죄었다가 해를 입히는 경우가 많기에, 여름이든 겨울이든 아이를 너무 따뜻하게 입히거나 감싸지 말라고 강조했다.

몇 년 전 우리 교회 안수집사 한 분에게서 놀라운 소식을 들었다. 자신이 젊었을 때 일본 유학 중에 결혼하고, 1980년대 초 아들을 낳았다. 이 아들이 유치원에 다닐 때쯤 한국에 귀국했는데, 일본에서는 감기에 걸리지 않고 건강했던 아들이 한국에 돌아와선 얼마 되지 않아 감기에 걸렸다는 것이다. 일본 보육원과 유치원에서는 겨울에도 반 팔, 반바지를 입히고 창문도 활짝 열고 운동을 시켰는데, 한국에 오니 유치원을 온실처럼 따뜻하게 난방하고, 아이들 옷은 두껍게 입히고 운동도 시키지 않아 결국 감기에 걸렸다는 것이 그 이유였다. 나 자신도 그런 경험이 있었기에 공감된 내용이었다.

EBS에서 방영한 '세계 교육현장의 일본 편 〈유아교육 기적을 부르는 4개의 스위치〉〈토리야마 기적의 유치원〉'에서도 확인할 수 있다.

의욕이 없는 아이들이 의욕을 가질 수 있도록 하는 장치로 4개의 스위치가 그 핵심이다.

첫 번째 스위치는 '아이들은 경쟁하고 싶어 한다'라는 것이다. 맨발로 달리게 하되 실력과 나이에 상관없이 경쟁하게 한다. 출발선을 다르게 하여 누구나 일등을 할 수 있는 환경을 만들어 줘서 누구도 의욕을 잃지 않도록 배려한다. 맨발 달리기는 바닥을 확실히 밟고 차기 때문에 두뇌를 자극하고 전두엽을 발달시킨다.

두 번째, '아이들은 칭찬과 인정을 받고 싶어 한다'라는 스위치다. 열 살까지 어렵지 않은 많은 시련들을 아이에게 만들어 주면 머리도 좋아지고 정신력도 강해진다. 이때 중요한 것은 인정하고 칭찬하는 것이다.

아이들의 발달 시기에는 임계기가 있다. 여섯 살 때까지 몸을 움직이면 운동신경이 발달하고 죽을 때까지 가지고 가는 신체 능력이다. 체육 시간에 고난이도의 동작들까지 가르치는데, 아이가 힘들어도 포기하지 않고 계속 도전하여 마침내 성공하도록 한다. 그로 인해 자신감을 갖게 되는 모습은 퍽 인상적이었다.

세 번째, '아이들은 흉내 내고 싶어 한다'라는 스위치다. 아이들은 선생님처럼 되고 싶기에 선생님을 따라 하려고 한다. 유아기에는 소리에 예민하고 들리는 소리를 따라 하고 싶어 한다. 신체 놀이로 음을 하나씩 익히고 건반으로 선생님의 피아노 소리를 흉내 낸다. 음악에도 소리를 구분하는 시기가 있으므로 3~5살에 음감교육을 한다. 이때 절대음감을 체득하게 된다. 기교는 나중에 생기지만 소리의 구분과 이해의 기본은 유아기에 생긴다. 세 살에 음을 익히고 네 살부터 합주할 수 있다. 다섯 살이 되면 3일 만에 악보 없이 한 곡을 외우게 된다.

네 번째 스위치는 '아이들은 조금 더 어려운 것을 하고 싶어 한다'이다. 아이들은 자신이 할 수 있는 것보다 조금 어려운 과제를 주면 더 의욕적으로 한다. 모국어 글자를 두 살(24개월)부터 가르친다. 카드에 쓰인 글자를 맞추어 모으게 하므로 집중력도 키울 수 있다. 세 살부터 글을 쓰게 하는데, 필력이 약하므로 직선을 먼저 가르치고 곡선이 있는 글을 나중에 가르치는 것도 지혜로운 방법이다. 가로 긋기를 한 후에 세로 긋기, 그리고 열십자 순으로 가르친다. 다섯 살 때는 일기를 쓸 수 있는 작문 실력을 갖추게 한다. 하루에 칠판에 두세 문장을 써준다. 아이들 수준보다 조금 더 어려운 문장으로 일기의 주제와 간단한 전달 사항을 주는데, 자신의 일상과 관련이 있기에 열심히 한다.

가장 놀라운 것은 독서였다. 다섯 살까지 평균 독서량은 2,500권이나 되었다. 세 살까지는 글자 수가 적은 책을 주고, 네 살이 되면 글자 수가 좀 더 많은 책, 다섯 살이 되면 한자가 섞여 있는 좀 더 어려운 책을 선택해서 주고, 그 후 독서 노트에 기록하게 했다.

우리 아이도 어릴 때부터 가정과 교회 어린이집에서 이처럼 체력과 지력을 갖춘 교육을 받게 하면 좋겠다.

39. 후대가 '인력'을 갖출 수 있으려면

 한 분야에 정상인 서밋(summit)에 오르려면 다섯 가지 힘이 필요하다. 이른바 영력과 지력, 체력, 경제력, 인력이다. 영력은 영적인 힘을 말한다. 그리스도 되신 예수님을 구주로 영접할 때 하나님 자녀의 신분과 권세를 갖게 된다. 하나님의 자녀 된 후 말씀과 기도, 전도 속에서 얻게 되는 힘이다. 지력은 하나님이 창조하신 인간과 세상을 책 등을 통하여 얻게 되는 지식을 말한다. 체력은 신체적 강건함을 통해서 나오는 힘이며, 경제력은 돈을 얼마나 많이 가지고 있느냐에 있다. 그러면 인력은 어떤 힘을 말하는가?
 인력人力을 사전에 찾아보면 '사람의 힘' '노동력'으로 나와 있다. '사람의 힘'이란 단순히 육체적인 힘만을 뜻하는 것이 아니라, 다른 사람과 만났을 때 그 사람과 소통이 원활하게 이루어져 자기편으로 끌어당기는 힘을 말한다.

연말이 되면 교회에서 결산하게 되는데 구역별로 전도 열매가 차이가 나는 경우가 많다. 그 차이는 주로 구역장의 사역 역량에 달려있다. 어떤 구역장은 자기가 속한 구역 식구뿐만 아니라 이웃 불신자들과 관계가 좋아 그들을 집에 초대하여 차를 마시며 복음을 전한다. 어떤 구역장은 불신자들과는 소통이 어렵지만 자기 식구들은 잘 챙겨서 구역 식구가 건강하게 예배에 성공하도록 돕기도 한다. 반면에 어떤 구역장은 자기 생각과 고집으로 소통이 어려운 사람이 있다. 구역장에게 필요한 것은 영적인 힘뿐만 아니라 사람을 끌 수 있는 힘, 즉 인력이다. 누구라도 좋아할 수 있도록 인격을 갖춘 사람이 사람을 끌 수 있고 전도 시스템을 구축할 수 있다.

데일 카네기(Dale Carnegie)의 '인간관계론'에 따르면 사람들이 자신을 좋아하도록 만드는 6가지 방법이 나와 있다. 첫째는 '상대방에게 진심으로 관심을 가지라'이다. 이럴 때 어디서든 환영받는 사람이 된다. 미국의 26대 시어도어 루스벨트 대통령은 백악관 하인들의 이름을 모두 기억하며 그들의 이름을 하나하나 불러주었다고 한다. 어느 날 흑인 시종 아내가 대통령한테 메추라기에 관해 물었는데, 친절하게 메추라기에 대해 자세히 설명해 주었고 얼마

후 직접 전화를 걸어 지금 집 창밖에 메추라기가 있으니, 밖을 보면 알 수 있을 거라고 했다.

둘째는 좋은 인상을 주는 간단한 방법으로 '웃어라' 이다. '웃으면 복이 와요' TV 프로그램이 있었고, '웃는 얼굴을 가지지 못한 사람은 상점을 열어서는 안 된다'라는 말도 있다.

셋째는 '상대방의 이름을 기억하여 만날 때 이름을 불러주라'이다. 상대방은 모든 말 중에서 가장 달콤하고 중요한 말로 들린다고 한다.

넷째는 대화를 잘하는 방법으로 '잘 듣는 사람이 되라'이다. 자기 이야기만 하는 사람들은 자신만 생각하는 사람들이다. 컬럼비아 대학 총장 니콜라스 머레이 버틀러(Nicholas Murray Butler) 박사는 "자신만 생각하는 사람은 배울 가망이 없는 사람들이다. 아무리 많은 교육을 받았더라도 배움이 없는 사람들이다"라고 했다. 대화를 잘하고 싶으면 다른 사람의 이야기를 열심히 듣고 공감하는 사람이 되어야 한다.

다섯째는 '상대방의 관심사에 맞춰 이야기하라' 이다. 상대방의 취미에 관해 관심을 갖고 대화를 주고받으면 상대방은 좋아하게 된다.

마지막 여섯째는 '상대방으로 하여금 자신이 중요한 사람이라고 느끼게 하라'이다. 그렇게 되면 자신을 보자마자 좋아하게 된다고 한다.

우리 후대가 좋은 인간관계로 지도자의 자리에 올라 시대 흐름을 바꾸고 시대 살리는 주역이 되려면, 어릴 때부터 가르침에 잘 따를 수 있도록 현명한 교육이 필요하다.

 가정과 교회학교에서 부모, 조부모, 교사가 아이를 키우고 교육할 때, '사람들이 자신을 좋아하도록 만드는 6가지 방법'을 훈련하게 된다면, 우리 후대는 인력을 갖춘 인재로 자랄 수 있다. 여기에 성령의 아홉 가지 열매인 사랑과 희락과 화평, 오래 참음과 자비와 양선, 충성과 온유와 절제를 덧붙인다면, 예수님의 인성을 닮은 아이로 자라 이 시대 최고의 지도자로 자라리라 확신한다.

 올해도 얼마 남지 않고 곧 2022년 새해를 맞이하게 된다. 각 가정과 교회에서 우리 후대가 영력, 지력, 체력, 경제력, 인력 가진 시대 살리는 주역을 키우는 갱신의 해가 되기를 소원한다.

40. 삶을 윤택하게 만드는 자존감

 자존감이 높은 사람은 사람들의 말에 휘둘리지 않고 자신을 잘 지키며, 사회성이 좋아 어떤 공동체에서도 잘 어울린다. 나아가 자신이 소속된 공동체 뿐만 아니라 시대를 이끄는 지도자가 되기도 한다.
 얼마 전 매스컴에서 경기도 남양주시에 위치한 불암산 '애기봉' 정상석과 '수락산 주봉 673M'라고 새겨진 정상석이 사라져 논란이 된 적이 있다. 며칠 동안 수사를 펼친 경찰이 힘겹게 범인을 붙잡았는데, 약관 20세의 대학생이었다. 경찰 조사에서 그는 당시 아르바이트를 하면서 사람들에게 스트레스를 많이 받고 있었는데, 사람들이 산 정상에 올라 정상석 옆에서 사진을 찍으며 행복해 보이는 모습이 보기 싫어 스트레스를 풀기 위해 그랬다고 진술했다. 범죄심리학자인 배상훈 경찰대 외래교수는 "사회성과 자존감이 낮은 사람이 박탈감을 느끼면서 이것이 물건을 향한 공격성으로 나타난 것"이라며 "이것이 반복되다 보면 대인 공격성으로 이어질 소지가 있는데, 그 단계로 가기 전에 잡히게 되어 오히려 다행"이라고 분석했다.

이 사건을 접하자 몇 년 전 수원에서 술에 취한 20대 대학생이 자기 또래가 고급 외제 승용차를 모는 게 배가 아파 그 차를 발로 차서 수리비가 수천만 원 나왔던 기사가 생각났다. 이 두 사례는 자존감이 낮은 사람들에게서 자주 일어나는 현상이다.

어떻게 하면 우리 아이 자존감을 살려서 건강한 사회생활을 통해 지도자로 키울 수 있을까? 정확한 답은 어릴 때부터 가정예배를 통해 하나님 말씀 안에서 자라게 하는 것이다.

아이의 높은 자존감 형성은 전적으로 양육자에 달려있다. 아이가 정확한 복음을 가진 양육자를 만났다면 최고의 복이다. 양육자인 부모와 조부모 중 어느 쪽이 아이의 자존감 형성에 더 도움이 될까? 육아에 관심 가진 엄마 아빠라면 아이의 자존감을 높일 수 있겠지만, 내 개인적인 경험으로 볼 때, 조부모인 할아버지 할머니와 함께 지낼 때 틀림없이 자존감이 올라간다.

나는 시골에서 태어나 초등학교에 졸업할 때까지 늘 할

머니와 함께 지냈다. 짧은 어린 시절이지만 할머니와 함께 자랐기 때문에 원만한 인간관계를 가질 수 있었다고 생각한다. 6.25 전쟁이 끝나고 평화가 찾아온 1950년대 중반에, 막내아들로 태어난 나는 온 가족의 사랑을 듬뿍 받았다. 무엇이든 내가 하면 잘한다고 칭찬하고 온 가족이 응원했다. 몸이 허약하여 일을 잘 못하고, 공부도 뛰어난 편이 아니었는데, 왜 그랬는지 생각해 보면 할머니가 손자인 나를 손수 키웠기 때문이다. 아버지가 왕이었다면 할머닌 대왕대비셨다. 누가 대왕대비의 귀한 손자를 탓할 수 있었겠는가. 당시 안방에서 할머니와 같이 잠을 자고, 아침에 일어나 이불 개고 방 청소하면 하루가 시작되었다. 아버지를 비롯한 남자들은 이른 아침 일터에 나가고, 어머니를 포함한 여자들은 아침 식사를 준비하거나 집안일을 했다. 식사 시간이 되면 여름에는 대청마루와 마당의 평상에서, 겨울에는 가장 넓은 안방에 모여 식사했다. 집집마다 저마다의 식사 문화가 있게 마련인데, 당시 대가족이었던 우리 집에는 가부장적인 식사 문화였다. 식사 중에는 주로 아버지가 말씀하시고 간간히 할머니가 덧붙이셨다. 아버지는 그날의 중요한 일정들을 언급하셨는데, 나머지 식구들은 듣고 그대로 따랐다. 밥상머리 교육도 이때 이뤄졌다. 반찬은 골고루 먹어야 하고, 밥은 스무 번 이상 씹어서 삼키며, 동네 어른들께는 인사를 잘하라고 하셨다. 그때 내가 할머니와 겸상을 한 것은 내게 큰 특권이었다. 할머니 밥상에는 쌀밥과 맛있는 반찬이 정갈하게 올라왔다. 아버지는 혼자 독상을 받으셨고, 삼촌들과 형님은 겸상으로 마주했다. 엄마와 숙모, 누나 등 여자들은 둥그런 큰 상에 둘러앉아 식사하며, 반찬이나 숭늉 주문에 심부름했다.

고향을 떠나 중학교 입학 이후 오랫동안 객지 생활을 하게 되었는데, 직장과 사회생활 하는 동안 원만한 인간관계로 큰 굴곡 없이 살아온 것은 어릴 때 할머니와 함께 생활했던 덕택이라고 생각한다.

올해 2022년 초에 103세의 김형석 교수가〈인생 문답〉이란 새 책을 출판했다. 그중 자녀 교육에 관한 내용을 보면, 어린아이를 수재나 영재로 만들려고 간섭하고 고생시키는 것은 마치 볏모를 잡아 빼서 빨리 자라게 하는 것과 같다고 했다. 우리나라 교육은 어머니들의 욕심과 교육 당국의 간섭 때문에 후퇴하고 있다고 지적한 것이다. 봄에 볏모를 자라게 하고 가을에 추수를 걷게 하는 것은 태양과 빛과 온도, 적당량의 비 등 자연을 운행하는 하나님이시며, 농부는 적당한 양의 비료를 주고 잡초를 제거하고 병충해를 예방하는 일만 하면 된다. 아이를 키울 때는 이런 농부의 자세가 필요하다.

 가정에서 아이를 키울 때, 온 가족이 다 같이 아이의 자존감을 살려서 전 세계 사람들과도 자유롭고 원만하게 소통할 수 있는 인재로 키우면 좋겠다.

41. 릴리젯과 엘리자베스 2세 여왕

96세까지 장수한 영국 여왕 엘리자베스 2세의 어릴 때 애칭은 '릴리벳'이었다. 당시 군주였던 할아버지 조지 5세가 첫 손녀에게 붙여준 이름이다. 정식 이름은 '엘리자베스 알렉산드리아 메리'(Elizabeth Alexandra Mary)이다.

할아버지 조지6세와 매리 왕비 할머니는 엄격한 분들이었는데 첫 손녀인 릴리벳을 끔찍이 사랑했다고 한다. 어렸을 때부터 엄격한 궁중 법도를 잘 지킬 수 있었던 것은 할아버지와 할머니의 사랑의 힘이 뒷받침 되었다. 여왕이 된 후, 70여년이 넘게 군주의 자리를 지킬 수 있었던 것도 할아버지와 할머니의 엄격한 교육과 자애로운 사랑의 결과라고 생각한다.

릴리벳은 십대를 거쳐 스무 살 때 군 입대를 하겠다고 했다. 조지5세의 차남 앨버트의 딸로 왕위를 이어받은 확률이 거의 없었기 때문에 가능한 도전이었다. 그때는 제2차 세계대전이 막바지에 접어든 1945년 3월 초였다. 왕궁에서 자란 공주가 전쟁터에 나가겠다고 했을 때, 당연히 부모와 조부모는 반대했다. 귀한 손녀딸은 노블레스 오블리주의 정신으로 군 입대를 고집했고, 결국 전쟁터가 아닌 영국여자국방군에 입대하는 걸로 타협점을 찾았다. 입대 후 얼마 되지 않아 독일이 항복했고 국민과 함께 승리의 기쁨을 만끽할 수 있었다.

 엘리자베스 2세는 영국 영연방 왕국의 윈저 왕조 제4대 국왕이었다. 제2대 국왕은 할아버지 조지5세며, 선왕은 제3대 국왕이자 아버지인 조지6세이다. 다이애나 스펜서 왕비와 이혼, 왕비의 교통사고사 등으로 30여 년 전 세계를 떠들썩하게 한 찰스 3세가 최근 제5대 왕위를 이어받았다. 엘리자베스 2세는 1926년에 태어나 25세이던 1952년 2월 6일부터 2022년 9월 8일까지 70년 214일간 재위한 군주로써, 영국 역사상 최 장수 국왕이며, 전 세계 역사상 여왕으로서 가장 오래 왕위에 있었다. 엘리자베스 2세는 70여년의 통치기간에 제2차 세계대전을 승리로 이끈 윈스턴 처칠을 시작으로 최근 리즈 트러스까지 총 15명의 영국 총리와도 같이했다.

 엘리자베스 2세가 여왕이 되리라고는 아무도 예측하지

못했다. 할아버지 조지 5세가 죽으면 장남인 에드워드 왕세자가 왕위를 이어받을 것이고, 차남이자 릴리벳의 아버지인 앨버트는 왕이 될 순서가 아니었다. 에드워드가 왕위에 오른 뒤(에드워드8세) 일 년도 못되어 왕위를 포기했다. 자기 자신의 행복을 추구하여 국가보다 심슨부인을 사랑한 결과였다. 어쩔 수 없이 둘째인 앨버트가 왕위에 올랐으니 바로 조지 6세다. 조지 6세는 내성적인 성격으로 군왕의 직분을 많이 힘들어했으며 아들이 없었다. 건강도 좋지 못해 영연방 53개국을 자기 대신 딸 릴리벳이 도맡아 하게 했다. 영화 '킹스 스피치'를 보면 조지 6세를 이해할 수 있다. 말을 더듬는 콤플렉스를 가지고 있어서 가장 무서워했던 것이 마이크였을 정도다. 아버지 조지6세는 1952년 세상을 떠났고, 딸 릴리벳이 왕위를 이어받았다. 릴리벳은 개인의 행복보다는 왕으로서의 책임이 더 중요하다는 제왕교육을 할머니 메리왕비와 어머니 엘리자베스에게서 받았다. 할아버지 조지5세가 어릴 때 애칭을 지어주었고, 할머니 매리 왕비가 왕으로서 지킬 것을 교육했던 것이다. 격대교육을 제대로 받은 셈이다. 그 결과 왕위에 올라 많은 업적을 남겼다.

 엘리자베스 알렉산드리아 메리라는 이름이 너무 길어서 할아버지 조지 5세가 붙여준 애칭 릴리벳은 할아버지가 손녀에게 주신 특별한 선물이다. 긴 장정의 군왕 역할을 무사히 완수하게 된 것이 어릴 때 불리었던 릴리벳과 무관하지 않다고 생각된다. 이렇게 할아버지가 손녀에게 이름을 붙여 주거나 성을 부여한 경우 후대는 큰 힘을 받아 성공할 수 있다.

 우리 교회 장로님들을 대상으로 자신의 이름을 누가 지었는지 물어보니, 할아버지가 지었다는 장로님들이 꽤 있었다. 아버지가 지어준 이유는 할아버지가 이미 돌아가셨기 때문이라고 답했다. 미국의 34대 케네디 대통령의 경우, 다른 형제들보다 이름이 좀 길어서 존 F. 케네디(John Fitzgerald Kennedy)다. 당시 보스톤 시장이었던 외할아버지 존 피츠제럴드가 외손자인 케네디에게 자신의 이름 피츠제럴드를 물려주었기 때문이다.

 우리 집 아이 둘은 불신자였던 아버지가 이름을 지어 주셨다. 두 아이의 할아버지다. 딸은 원경元京, 아들은 성경成京이다. 딸은 으뜸 원元에 서울 경京, 아들은 이룰 성成에 서울 경京이니, 뜻을 풀이하면 보통 이름이 아니다. 딸은 서울의 으뜸이라 했으니 서울 시장쯤 될 거다. 아들인 경우 학교 다닐 때 국사 선생님이 엄청난 말씀을 하셨다고 한다. "만일 네가 조선시대에 태어났다면 죽음을 면치 못했을 것이다. 서울을 이룬다는 것은 나라를 바꾸겠다는 뜻이 아니겠느냐."

 언젠가 아버지께 왜 이런 무거운 이름을 지어 주셨는지 물어 보았다. 지금은 시대가 다르기에 좀 욕심을 내서 이름값 하라고 지었다고 하셨다. 성도 중에 성경의 인물 이름을 자녀 이름으로 짓는 경우가 많다.

 우리는 왕 같은 제사장이므로 어떤 이름을 짓더라도 하나님의 자녀이다. 후대를 위해 하나님의 말씀을 언약으로 붙잡고 기도할 때 후대를 향한 언약이 성취된다.

42. 나의 왕이시여!

 부모와 함께 병원 입원실에 들어온 아들이 아버지한테 왜 할아버지가 저렇게 침상에 누워 있느냐고 묻자, 할아버지는 지금 깊은 잠을 자고 계신다고 대답한다. 그럼 지금 깨우면 안 되냐고 아버지한테 물어보곤 자기가 깨우겠다고 하면서 할아버지 침상 곁으로 다가간다. 부모가 잠시 엉거주춤 하고 있을 때, 침상 가까이 다가간 손자가 가만히 할아버지의 손을 잡더니 "나의 왕이시여, 할아버지는 나의 왕, 이제 일어나세요!" 하는 게 아닌가. 할아버지가 꼼짝하지 않자 할아버지 손을 흔들며 목소리를 높이니, 부모는 깜짝 놀라 그만하라고 제지한다. 아이가 막무가내 계속 소리치니 간호사가 들어와 아이와 함께 가족을 밖으로 내보낸다. 그 순간 할아버지 손이 꿈틀하고 움직인다.
 제27회 부산국제영화제(BIFF)에서 상영된 타지키스탄 영화 〈행운〉(Fortune)의 한 장면이다. 코로나 19로 축소되었던 부산 국제 영화제가 3년 만에 정상 개최되어 아내와 함께 해운대 '영화의 전당'에서 관람한 영화다. 여기 등장하는 주인공 카홀과 마논은 같은 공장에서 일하며 때로는 결혼식장에서 아르바이트로 노래하는 친한 이웃이자 절친한 친구다. 어느 날 마논은 아픈 딸 때문에 병원에 진료하러갔다가 월급날 공장에 늦게 도착했다. 공장에 도착해서 월급을 달라고 하니까 현금이 다 떨어졌다면서 현금 대신 캔과 복권을 주었다. 딸 병원비가 급한 마논은 친구 카홀에게 돈을 빌리게 되고, 고마움의 표시로 캔과 복권을 준다. 그 복권이 당첨되어 카홀은 자동차를 타게 되는 행운을 갖게 된다. 당첨된 자동차의 소유권문제로 우정에 금이 가고 가족 간 위기에 봉착한다.

  카홀에겐 아들 둘이 있는데, 작은 아들은 모스크바에서 성악 공부중이다. 자신이 이루지 못한 음악의 꿈을 작은 아들이 이루어 주길 바라는 마음에 최선을 다해 뒷바라지를 한다. 집에는 큰 아들과 며느리, 사랑하는 손자가 있다. 큰 아들은 동생만 챙기는 아버지한테 불만이 많다. 아버지와 엄마는 아들을 막 대하지만 할아버지는 손자를 사랑하여 귀하게 대한다. 종종 손자를 어깨에 목말을 하며 "나의 왕이여, 왕이신 우리 손자, 오늘도 즐겁게 놀았나요?" 뛰고 굴리며 같이 노래도 부른다. 할아버지는 손자를 왕으로 대우하며 즐겁게 키우는 중이다.

이 마을에도 빈병이나 고물을 가져오면 사탕과 뻥튀기 등을 바꿔주는 고물상 할아버지가 노래하며 돌아다닌다. 어느 날 다른 친구들은 빈병을 가져와서 사탕 등으로 바꿔먹는데, 이 아이는 우두커니 서서 구경만 하고 있다. 그때 마음씨 착한 고물상 할아버지가 막대 사탕을 하나 주며 먹으라고 한다. 빈병이 없다고 하자 나중에 생기면 가져와도 된다고 한다. 이 아이는 할아버지가 절대로 공짜로 얻어먹어서는 안 된다고 가르쳤기 때문에 받지 않는다. 할아버지의 가르침이 각인되어 왕의 품위를 지키는 모습이다. 영화가 시작되면서 감독이 이 영화를 만들게 된 계기와 내용에 대한 설명이 나오는데, 마지막 부분에 이 영화를 할아버지께 바친다고 했다. 이 손자가 커서 영화감독이 되었다는 뜻이다. 할아버지와 손자가 서로 '나의 왕이시여' 할 때 문득 옛날에 우리 아이들이 즐겨 불렀던 찬양이 떠올랐다.

당신은 영광의 왕/ 당신은 평강의 왕 /당신은 하늘과 땅의 주
당신은 정의의 아들/천사가 무릎 꿇고/ 예배하고 찬송하네
영원한 생명 말씀/ 당신은 예수 그리스도 주/호산나 다윗의 자손께
호산나 왕 중의 왕 / 높은 하늘엔 영광을/ 예수 주 메시야네

제목은 '당신은 영광의 왕'이다. 명절을 맞아 승용차로 고향에 가노라면, 고속도로는 주차장이 될 정도로 차가 많이 막혔다. 당연히 졸음도 오기 마련인데, 그때 뒷좌석에 앉은 딸과 아들이 아빠가 졸지 않도록 소리 높여 이 곡을 찬양해서 고향길이 힘들지 않았다. 이 아이들이 이젠 결혼을 했고 요즘 이들에게 늘 이야기 한다. "앞으로 아들 딸이 태어나면 왕을 키우듯이 키우렴. 하나님의 아들 딸이기 때문이다. 아이를 낳으면 나와 너희 엄마가 도와주겠다. 격대교육을 하겠다는 뜻이다."

하나님이 왕이시면 성육신해서 오신 예수님도 당연히 왕이시다. "영접하는 자 곧 그 이름을 믿는 자들에게는 하나님의 자녀가 되는 권세를 주셨으니."(요1:12) 이 예수님을 구주로 영접할 때 하나님의 자녀가 되어 왕자 혹은 공주가 된다. 복음 가진 가정에서 자녀를 키울 때 왕자와 공주를 키운다는 자세로 키워야 한다. 함부로 윽박지르거나 때리면 안 된다. 우리 후대를 왕자와 공주로 키울 때, 이들은 왕의 정체성을 갖게 되고, 어떤 어려운 환경에도 흔들리지 않는다.

이제 후대를 왕자와 공주로 키워야할 이유를 알았으니, 주 양육자인 부모와 보조역할을 하는 조부모가 서로 도와서 복음 왕가를 만들어 가야 할 때다. 주 양육자인 부모는 아들 딸을 왕자와 공주로 키우고 싶지만 잘 되지 않는다. 욕심이 앞서기 때문이다. 보조 역할을 하는 조부모가 도와줘야 한다. 위에 나오는 할아버지 카홀과 같이 손자를 왕으로 키우면 된다. 복음 가진 가정은 복음 왕가의 자격을 이미 갖추고 있다. 가정에서 어떻게 왕을 키울 수 있을까 포럼을 해 보자. 지금부터 시작해도 늦지 않다. 시작이 반이라고 하지 않았던가.

43. 아이 양육의 기본 원칙, 밥 짓기 요령

　최근 밥 짓기 요법에 비유하여 아이 양육에 관한 책을 펴낸 교수가 있다. 책명은 '세상에서 가장 쉬운 본질 육아'로, 지은이 지나영 교수는 한국인 최초 존스 홉킨스대 소아정신과 교수다. 밥 짓기의 기본 요소 중 첫째로 아이를 쌀로 비유했다. 쌀은 속이 비어있지 않고 꽉 차 있어서, 쌀 그 자체로 완성품이며 그만의 맛을 낸다. 맛있는 밥을 할 때 물 넣고 뚜껑 덮고 불을 지피기만 하면 된다. 많은 부모가 육아를 만두 만들기라고 착각한다. 내가 최선을 다해서 고기도 썰어 넣고 파도 넣고 뭔가 많이 넣으면 귀한 만두가 되는 줄 안다. 아이가 비어있다고 생각하고 부모가 자신을 희생해서 다 넣어주려고 하면 밥도 아이도 망치는 것이다. 아이 고유의 맛을 살려주어야 한다. 아이는 자체로 잠재력을 가지고 있다. 잠재력은 눈에 보이지 않는다. 조금 부족한 아이들도 적절한 환경을 제공해주면 엄청난 잠재력을 펼쳐 보인다.

둘째로 물이 많거나 적으면 밥은 그 맛을 낼 수 없다. 물에 해당하는 부모의 사랑과 보호도 적절해야 한다. 잘못된 사랑과 보호는 아이를 망친다. 부모는 '조건 없는 사랑'을 표현해 줘야 한다. 아이가 절대적 가치를 가지고 있다는 것을 인정하고 아이한테 말해 주어야 한다. 조건 없는 사랑과 절대적 존재가치를 전하는 방법으로 저자는 '20초 허그 요법'을 추천했다. 아이를 20초 동안 밀착 포옹을 유지하면서 몸을 편안히 하고, 사랑한다는 메시지와 인정한다는 메시지를 전해준다.

"우리 보석 같은 딸, 우리 별 같은 아들, 정말 사랑해", "○○○이가 엄마 딸이어서 너무 감사해." 이렇게 하면 아이에게 사랑과 절대적 가치를 최고로 표현해 주는 말이 된다. '20초 허그 요법'을 아침, 저녁으로 하루 두 번 하면 좋다고 했다.

밥 짓기의 기본 요소 중 세 번째는 불이다. 불이 너무 세거나 약해도 맛있는 밥이 되기 어렵다. 불은 '가치'와 '긍정적인 마음 자세'다. 가치는 기초공사와 같다. 집을 짓는다면 맨 처음에 할 일은 땅을 파고 기둥을 박는 것이다. 기초공사가 부실할 때 폭풍이 불면 집이 무너진다. 가치교육이 제대로 되어 있지 않으면 좋은 어른으로 성장할 수 없다.

첫 번째 가치는 '신뢰성'(integrity)이다. 말과 행동이 옳고 진실하다는 뜻으로 '정직함'과 상통한다. 두 번째 가치는 '책임감(responsibility)과 성실함(diligence)'이다. 내가 맡은 일은 최선을 다해 열심히 한다는 것이다. 세 번째 가치는 기여(contribution)를 꼽았다. 나의 재능을 가지고 타인과 세상에 뭔가 도움이 되는 일을 하는 것이다.

기여의 연장선상에서 네 번째로 가르쳐야 할 가치는 '배려'(consideration)다. 어떤 일을 하건 다른 사람에게 피해를 주면 안 된다는 것, 오히려 타인에게 득이 되도록 함께 도와가며 살아야 한다는 것을 가르쳐야 한다. 밥을 지을 때 불이 꺼지면 안 되듯이, 아이에게 기회가 있을 때마다 지속적으로 4가지를 설명해 주어야 한다는 것이다.

4가지 가치와 함께 긍정적인 마음자세도 갖추도록 가르쳐야 한다. 긍정적인 마음 자세는 어떤 상황에도 좋은 점과 나쁜 점이 공존한다는 것을 인정하는 것이다.

나는 시골에서 자랐기 때문에 농사짓는 과정을 어릴 때부터 보아왔다. 아이를 키우는 것은 농부가 농사를 짓는 것과 같다고 생각한다. 봄에 씨앗을 땅에 심고 여름이나 가을 추수할 때까지 과정을 아이 양육에 비유할 수 있다.

씨를 심고 적당한 습도를 유지하도록 물을 주고 기다려야 한다. 씨가 움을 틔웠는지 알아보기 위해 땅을 파고 열어보면 씨는 죽고 만다. 씨가 움이 터 땅에서 솟아날 때까지 기다려야 한다. 곡식은 적당한 수분을 공급하고 햇볕을 쪼여주면 스스로 자란다. 농부가 할 일은 곡식을 보호하기 위해 잡초를 제거해주고 주위에 위험한 요소를 없애주면 된다. 자라서 추수할 때까지 때로는 가뭄이 들기도 하고 태풍을 맞기도 한다. 이런 고난은 오히려 뿌리를 튼튼하게 하여 많은 열매를 맺을 수 있다.

 아이를 양육할 때도 이와 같이 적절한 사랑과 보호, 가르침뿐만 아니라 단련도 필요하다. 이런 과정을 잘 이해하고 실행할 수 있는 양육자는 부모보다는 조부모가 더 낫다는 것이 정평이다. 자녀의 눈에 보이는 성공에 욕심이 없기 때문이다. 복음을 알고 있는 조부모와 부모들은 복음 전문가로서 미래의 4차, 5차 산업혁명 시대의 전문가를 키우는 중이다. 하나님의 형상을 닮은 미래의 왕, 이 왕을 키우고자 하는 가문은 천년의 응답을 받을 복음 왕가이다.

44. 귀한 자식 이렇게 가르쳐라

 약 400여 년 전, 영국의 철학자이자 정치사상가인 존 로크는 '귀한 자식 이렇게 가르쳐라'라고 그의 저서 〈교육론〉에서 말했다. 2023년 새해를 맞이하여 가정에서 복음 왕가의 언약을 붙잡고 기도할 때, 양육자인 조부모와 부모는 이 책을 읽으면서 포럼하면 좋겠다. 다음은 이 책에 대해 조순 전 국무총리가 쓴 추천사의 일부이다.

 "오래전에 읽은 이 책에서 나는 생생한 감명을 받았다. 첫째는 교육의 목적이다. 이 책이 추구하는 교육의 목적은 영국 상류계급의 아이들을 나라를 이끌 만한 능력과 소양을 갖춘 신사(gentleman)가 되도록 육성하는 데 있다고 할 수 있다. 목적 없는 교육은 진정한 교육이 아니다. 우리나라에도 1578년 42세의 이율곡이 〈격몽요결:학습의 지침서〉이라는 교육론을 썼는데, 간결한 문체로 쓰인 율곡의 교육론의 목적은 젊은이들이 사회를 이끌 군자君子가 되도록 하기 위함이었다. 로크의 목적과 비슷해서 두 개의 교육론을 비교하면 두 나라 전통문화의 차이를 알 수 있다. 신사로 만들기 위한 로크의 교육 방법은 무엇인가. 그것은 아이들이 명예, 희생, 규율, 인내심, 금욕 그리고 신심信心을 통하여 심신心身의 건강과 신사의 덕성德性및 지성을 갖추도록 하는 것이다. 그중에서 로크가 가장 중요시한 것은 신체의 건장健壯이다. 그다음이 덕성의 함양이고, 지성의 향상은 마지막이다. 율곡의 교육론은 덕德과 지知는 강조하지만 체육에 대해서는 거의 한 마디도 언급이 없다.

로크가 습관의 중요성을 강조하는 데 대해서 나는 전적으로 공감한다. 아이가 어릴 때부터 영국 정도의 추위와 더위는 같은 옷을 입고 다닐 수 있도록 습관을 길러야 하고, 식사는 담백하고 간소하게 하는 버릇을 길러야 하며, 맛있는 과일이나 고기를 먹이지 말고, 사소한 병에 약을 함부로 쓰지 말라고 했다. 쾌락과 인연이 없는 생활이 사람을 건강하게 만든다는 로마식 금욕주의는, 실천하기는 어렵지만, 일리는 분명히 있다. 덕성의 함양에 관해서도 좋은 습관을 기르는 것의 중요성을 강조한다. 아이들은 어렸을 때 좋은 습성을 무조건 익히도록 하라고 한다. 기가 꺾이지 않도록 하기 위해서 아이들의 좋지 못한 행동을 묵인하고, 고집을 부리고 생떼를 쓰는 것을 방치하는 따위의 사랑은 아주 좋지 않다고 했다. 마지막 부분에 아이들의 학습(즉, 공부)에 대해 짧게 논해 놓았는데, 그 이유는 천박한 지식보다는 인격과 건강이 훨씬 더 중요하다고 보기 때문이다."

다음은 서울대학교 총장을 역임한 정운찬 전 국무총리의 추천사 일부이다.

"로크는 첫 장부터 우리가 흔히 알고 있는 지덕체知德體가 아니라 체덕지體德知로 '신체의 건강'을 최우선하였다. '건강한 신체에 건강한 정신이 깃든다'는 말은 너무나 상식적이고 당연한 일이지만, 입시지옥, 학력 차별 사회에 사는 우리 현실에서는 가정에서도 학교에서도 체육의 중요성을 잘 깨닫지 못하고 있다.

 이 외에도 17세기의 학자인 로크가 틈틈이 기술한 자녀들을 위한 습관, 상과 벌, 예절교육, 가정교육, 부친의 권위, 용기와 호기심 등의 이야기는 지금 읽어도 전혀 구태의연하거나 고풍스럽지 않고 오늘날 우리 아이들에게 들려주고 실천할 내용들이다. 인간관계, 타인에 대한 존중, 세상을 보는 힘 등은 시대를 초월해서 언제나 숭고한 가치를 지니기 때문이다."

 위 두 추천자의 언급에도 나왔듯이 존 로크의〈교육론〉은 신체의 건강을 최우선시하고 그다음이 덕성, 마지막이 지성의 영역인 학습에 대해 강조했다. 옳은 교육 방향이라고 생각한다. 우리나라에도 예부터 양반 가정에서 자녀 교육이 있었다. 논어와 맹자 등 사서삼경을 읽기 전에 천자문과 소학, 동몽선습 등의 책을 먼저 읽혔다. 그 후 사서삼경을 읽고 삼강오륜의 예절교육을 시켰다는 것을 학교 공부를 통해서 알고 있다. 8.15해방과 함께 서양 문물이 들어오면서 우리 것을 챙기지 못하고 엉거주춤 방향을 제대로 잡지 못했다. 지금 조부모가 된 우리 세대는, 교육은 학교에서 하는 것이고, 부모는 학비를 마련하여 학교에 납부하면 학교가 다 알아서 해주는 것으로 여겨왔다. 도시화, 산업화를 통해 핵가족이 늘어나면서 아버지는 바깥에서 돈만 벌면 되고, 어머니가 가정에서 자녀 교육에 책임을 지게 되었다.

 시간이 흘러 점차 부부 맞벌이가 늘어나면서 여성의 사회적 역할 증가로 자녀 교육에 대한 어려움이 생겼다. 어렵게 결혼한 부부들조차 여러 가지 사정으로 이혼하게 되니 이미 태어난 자녀 교육 문제가 국가의 중요과제가 되었다. 얼마 전 오은영 박사가 운영하는 〈금쪽같은 내 새끼〉 TV 프로그램을 보았는데, 이혼한 부부로 아빠가 일곱 살과 네 살의 두 아이를 키우는 내용이었다. TV 프로그램에 출연하게 된 동기가 혼자 아기를 키우는 아빠들에게 도움이 될까 해서 나왔다고 했다. 일곱 살의 큰 딸은 어릴 때 부모의 싸움과 이혼으로 상처가 많아서 지금도 밤에 기저귀를 차야하고, 늘 아빠의 눈치를 보며 사랑을 구애했다. 딸의 집착 이유를 알아차리지 못한 아빠는 아이에게 상처를 계속 주게 되는데, 이 프로그램을 통해 답을 찾아가는 것을 보았다. 마지막에 어머니가 두 아이를 키우고 있는 아들에게 보낸 영상 편지를 보고 격대교육의 필요성과 가능성을 보았다.

 과연 이런 가정도 복음 왕가를 이룰 수 있을까? 당연히 가능하다고 생각한다. 이들 가정이 복음을 받게 되면 복음 왕가를 이룰 수 있다. 미국의 버락 오바마 전 대통령도 부모 이혼으로 조부모의 손에서 컸고, 2021년 도쿄 올림픽 양궁에서 금메달 2개를 획득한 17세의 K선수도 부모 이혼으로 할머니가 키웠다.

 복음 안에 있는 가정에서 존 로크의 〈교육론〉과 같은 책을 참고로 하여 자녀를 양육하면 충분히 복음 왕가를 이룰 수 있다.

45. 손자 사랑에 흠뻑 빠진 할머니 권사

언제나 사람들을 만나면 손자 자랑을 하는 권사님이 한 분 있다. 자기는 손자가 이렇게 좋은지 몰랐다고 하면서 옛날 첫사랑보다 더 깊이 사랑에 빠졌다고 했다. 좀 친한 사람들은 손자 자랑하기 전에 1만 원 내놓고 자랑하시라 곤 한다. 지난번 만났을 때는 손자가 복음으로 각인되었다고 자랑했다. 어린이집 프로그램 중 짝꿍 발견이란 수업이 있는데, 공통점이 있어서 짝하고 싶은 친구를 찾는 놀이었다. 얼룩말과 호랑이의 공통점은 무엇일까요? 네, 줄무늬가 있어요. 산양은 뿔이 있는데 누구와 짝하고 싶을까요? 네, 사슴이에요 등. 여러 가지 질문을 하다가 그럼 아빠와 엄마는 어떤 면에서 짝꿍이 될 수 있을까요? 하고 선생님이 물었다. 아이들 몇몇은 피자를 좋아한다, 같은 스마트폰을 갖고 있다, 등 여러 대답이 나왔다. 그

때 손자가 선생님 가까이 다가가서 귓속말로 '예수 그리스도'라고 했다는 것이다. 선생님이 이유를 물으니, "아빠와 엄마 마음속에 예수 그리스도가 똑같이 있어요." 선생님이 왜 귓속말로 하느냐고 의아한 표정으로 물으니, 이 세상에서 가장 비밀스럽고 귀한 이름이기 때문에 선생님께만 살짝 알려드린다고 했단다. 다섯 살의 손자를 자랑할 만했다. 그때 함께 듣던 우리 모두 감탄했다.

　지난달 설 연휴가 끝나고 만났을 때, 오늘은 크게 한턱내겠다고 하면서 손자 자랑을 시작했다. 일단 사진을 한 장 보여줬다. 손자가 철봉에 매달려 있는 사진이었다. 무려 100초간 매달려 있었다고 했다. 이렇게 될 수 있었던 이유 두 가지를 침이 마르도록 설명하기 시작했다. 첫째는 장난감 놀이요, 둘째는 아빠와 함께한 놀이였다. 어릴 때부터 손자는 장난감 중에서도 자동차를 좋아했고, 네 살이 되면서 카봇을 좋아했다고 했다. 카봇이란 자동차와 로봇의 합성어로, 자동차를 로봇으로 로봇을 자동차로 변신시키는 장난감이다. 자동차를 로봇으로 변신하려면 팔과 손가락에 힘이 있어야 한다. 집에 카봇이 많이 있어서 매일 몇 번씩 변신시키니 손가락에 힘이 생기게 되었다. 손가락을 많이 쓰면 머리도 좋아진다면서, 참으로 행복해하는 권사님이었다.

마지막에 한 마디를 덧붙였다.

"손자가 수영하다 보니 몸의 유연성도 좋고 정말 건강해요. 그뿐만 아니라 자기 아빠 몸이 놀이터라 아빠가 퇴근해 오면 온몸으로 아들과 레슬링도 하니까 더 건강하고 힘이 센 것 같아요. 글쎄, 이번에 손자가 팔씨름하자 해서 했는데, 내가 손자한테 졌어요. 힘이 다섯 살짜리가 아니에요."

2년 전쯤 손자가 수영하러 다닌다고 자랑했던 기억이 났다. 옛날 로마 사람들은 수영과 글쓰기를 동격으로 취급할 정도로 수영을 필수로 생각했는데, 수영은 온몸을 사용하기 때문에 신체 건강의 지름길이 되고, 위급한 상황에 자기 자신뿐만 아니라 남을 도울 수도 있다면서 신나게 자랑을 했다.

모든 부모는 자기 아이가 운동을 통해 건강해서 병원에 가지 않기를 원한다. 이것이 부모의 자녀 교육에 달려 있다는 것을 놓치는 부모들이 많다. 교육의 힘을 믿고 실행하는 부모가 아이를 건강하게 키울 수 있다. 부모가 어떤 교육관을 가지고 키우느냐가 대단히 중요하다.

아이 양육에 관한 책을 읽어보면 대부분 아이가 어릴 때 꽉 조이는 따뜻한 옷을 입히거나 감싸지 말라고 했다.

우리 얼굴은 태어날 때 다른 신체 부위와 마찬가지로 연약했으나 드러내놓고 지내는 데에 익숙해진 결과 다른 부위보다 더 단단하고 추위에도 잘 견딜 수 있게 되었다. 특히 아이의 머리를 따뜻하게 하면 두통, 감기, 기침, 기타 여러 질병에 드러나기 때문에 따뜻하게 하지 않도록 했다.

칼 비테의 〈자녀 교육법〉에도 어릴 때 옷을 두껍게 입히지 말라고 했다. 한겨울에도 두꺼운 옷을 입히지 않고 오히려 몸을 드러내 찬바람에 적응시키도록 했다. 아일랜드인의 교육방식 중에는 영아기 때부터 아기에게 냉수로 목욕시킨다고 한다. 아일랜드와 비슷하게 위치한 스코틀랜드에서도 엄마들은 얼음이 어는 한겨울에 아이에게 냉수 목욕을 시키는데 그 습관이 현재까지 이어져 오고 있다고 한다. 이렇게 자란 아이는 잔병치레하지 않고 감기도 걸리지 않는다.

나는 어릴 때 잔병치레가 많았다. 겨울이 되면 편도선염으로 목이 붓고 열이 나서 자주 학교에 결석했다.

어릴 때부터 내가 건강치 못했던 이유는 감기 들세라 옷을 몇 겹이나 두껍게 입히고 따뜻한 온돌방에서 나를 키웠기 때문이다. 설상가상 방안에서 담배를 피우는 할머니와 함께 살았으니, 기관지가 좋을 리가 없다.

나는 바다가 접한 시골에서 태어났다. 어릴 때부터 바다에서 놀다 보니 친구들은 수영을 잘했는데, 나는 수영을 하지 못했다. 새해가 되면 어머니가 재 너머에 사는 무속인 할머니한테서 새해 사주를 받아왔는데, 해마다 물을 조심하라고 했기 때문이다. 부적을 내 옷 안에 넣고 다니게 했다.

 건강한 신체에 건강한 정신이 깃들기 마련이다. 그 권사님의 손자 교육은 자랑할 만하다. 이 글을 읽는 분들도 참고해서 자기 손자 손녀한테 적용하면 좋겠다.

46. 복음 예찬과 아름다운 유년 시절

해마다 신록이 우거져가는 이맘때면 생각나는 수필이 있다. 고등학교 국어 교과서에 실렸던 〈신록 예찬/이양하〉이다. 학창 시절 아침 일찍 룸메이트와 함께 촉석루를 지나 진주성 일대를 조깅하면서 읊었던 기억이 새롭다. 임진왜란 때 진주성을 함락한 왜장을 끌어안고 남강에 뛰어든 의기義妓 '논개'의 사당이 있는 곳이 촉석루다.

그때 애독했던 〈신록 예찬〉의 앞부분이다.

봄, 여름, 가을, 겨울, 두루 사시를 두고 자연이 우리에게 내리는 혜택에는 제한이 없다. 그러나 그중에도 그 혜택을 풍성히 아낌없이 내리는 시절은 봄과 여름이요, 그중에도 그 혜택을 가장 아름답게 나타내는 것은 봄, 봄 가운데도 만산에 녹엽이 싹트는 이때일 것이다.

눈을 들어 하늘을 우러러보고 먼 산을 바라보라. 어린애의 웃음같이 깨끗하고 명랑한 5월의 하늘, 나날이 푸르러 가는 이 산, 저 산, 나날이 새로운 경이를 가져오는 이 언덕 저 언덕, 그리고 하늘을 달리고 녹

음을 스쳐오는 맑고 향기로운 바람...(하략)

 하나님이 창조하신 계절 중에 봄, 봄 가운데 그 일부분 신록에 대한 찬양이 국어 교과서에 실려 청소년들이 읽고 있다. 이 봄보다 더 큰 가치를 가지고 있는 것이 있으니, 바로 복음이며, 복음 예찬을 해보고자 한다.

 하나님은 우주 만물을 창조하시고 이를 정복하고 다스리는 인간을 자신의 형상대로 창조하셨다. 오늘날 인간의 능력이 얼마나 장엄한지 감탄하지 않을 수 없다. 지구 정복을 넘어 마침내 우주 탐험 시대에 우리나라도 우주선을 쏘아 올리고 있으니 말이다. 창세기 3장에 나타난 사탄은 인간이 하나님을 떠나게 하고, 죄와 저주 재앙 속에 빠뜨리고 말았다. 전 세계 우상 신전은 늘어가고, 교회는 줄어들며, 젊은이들이 교회를 떠나 마약 등에 중독되는 이유도 바로 사탄의 계략 때문이다. 하나님을 떠난 인간은 운명 사주팔자에 묶여버렸는데, 여기서 빠져나갈 수 없게 되었다. 전능하신 하나님은 이를 미리 아시고 해결할 길을 예비하셨다. 창세기 3장 15절의 여자의 후손으로 그리스도이다. 그리스도는 세 가지 직분을 갖고 있다.

 하나님을 만날 수 있도록 길이 되신 참 선지자요(요4:6),

하나님의 말씀에 불순종한 원죄를 해결할 참 제사장이요(요8:2), 공중 권세를 잡은 사탄을 박살 내는 참 왕(요일3:8)이시다. 마침내 이 말씀이 성취되었다. 동정녀 마리아에게 성령으로 잉태되어 그리스도인 예수님이 탄생한 것이다. 성육신으로 오신 예수 그리스도는 말씀을 성취하기 위해 십자가에 달려 '다 이루었다'(요19:30) 하심으로 구원계획을 완성하셨다. 죽은 지 3일 만에 부활하셨으며, 그 후 승천하여 하나님 우편에 앉으셔서 우리에게 보혜사 성령님을 보내주셨다. 누구든지 예수님을 구주로 영접하면 하나님 자녀의 신분과 권세를 갖게 된 것이다. 이 복음을 통해 인생의 전환점을 갖게 되고 새로운 삶을 살게 된 것이다. 얼마나 감사한 일인가.

예수 그리스도를 구주로 믿는 사람은 그리스도인이며 남은 자의 축복을 받은 사람들이다. 복음을 통해 남은 자는 그리스도를 증거하는 순례자의 길을 가며, 마침내 정복자의 응답을 받은 사람들이다. 사도 바울을 비롯한 초대교회 전도자들은 복음 받은 남은 자들이었으며, 복음을 후대에 전달하여 마침내 AD 313년 콘스탄티누스 황제에 이르러 기독교를 공인하게 되니 로마를 정복한 정복자들이다. 남은 자의 축복을 받은 자는 전 세계 5천 종족을 살리기 위해 순례자의 길을 가는 사람들이다. 순례자와 정복자의 길은 멀고도 험하다. 복음의 능력이 아니면 불가능하다. 복음의 바통을 전달하여 후대들이 이 길을 갈 수 있도록 잘 도와야 하는데, 정확한 복음을 후대에 전달할 수 있는 플랫폼이 필요하다. 바로 복음 명문가를 넘어 복음 왕가이다. 복음 왕가를 이루면 쉽게 갈 수 있다. 복음 왕가를 이룰 전도자들이 이맘때 놓치지 말아야 할 것이 하나 있다. 유년의 신록 시절은 너무 짧아서 순식간에 지나간다는 점이다.

〈신록 예찬〉의 후반부에 노래하는 장면이다.

신록에 있어서도 가장 아름다운 것은 이즈음과 같은 그의 청춘시대, 움 가운데 숨어 있던 잎의 하나하나가 모두 형태를 갖추어 완전한 잎이 되는 동시에 처음 태양의 세례를 받아 청신하고 발랄한 담록을 띠는 시절이라 하겠다. 이 시대는 신록에 있어서 불행히 짧다. (하략)

가장 아름다운 시절은 빨리 지나가는데 그 시절이 바로 청춘시대며, 유년의 신록이 더욱더 아름다운 이유다. 우리 후대들의 유년 시절을 염두에 두지 않을 수 없다.

청소년 시절을 떠올리면 희망과 절망이 겹쳐서 앞이 보이지 않을 때가 많았다. 장래에 무엇을 할지 몰라 밤을 새워가며 고민하기도 했다. 지나고 보니 그 시절은 극히 짧았고 아름다웠다. 지금 우리 후대들도 마찬가지다.

복음 가진 복음 예찬가들이여! 우리 후대들이 복음 안에서 잘 자라갈 수 있도록 파수꾼의 역할을 잘 감당하면 좋겠다. 울창한 잎으로 그늘을 짓는 장년과 노년을 맞이할 수 있도록 양분을 주고 보살펴 주도록 하자.

 그들을 사랑하되 하나님을 사랑하듯이 무조건 사랑하자. 태평양 바다 같은 마음으로 그들을 품고 한없이 칭찬하고 격려하자. 동시에 그들의 영혼 속에 복음이 자리 잡도록 말씀의 씨앗을 심어주자. 그들의 가슴은 세계를 품을 수 있을 만큼 활짝 펴질 것이다.

47. 영광의 솔로 탈출(SOLO EXODUS)

요즘 TV에서 '솔로 탈출'이란 주제의 프로그램들을 종종 보게 된다. 미혼자들뿐만 아니라 결혼에 실패하여 재혼을 원하는 남녀 청년들이 신청하여 운영되는 프로그램들이다.

'솔로 탈출'이란 말을 처음 들었을 때, 옛날 영화 '영광의 탈출(EXODUS)'이 생각났다. 이스라엘의 건국 과정을 소개하는 이 영화의 주제곡은 고교 학창 시절 음악 시간에 부르기도 했던 아주 웅장한 곡인데, MBC 주말의 명화 오프닝 곡으로도 잘 알려져 있다.

"This land is mine, God gave this land to me. This brave and ancient land to me…" (이 땅은 내 것이지요, 하나님이 이 땅을 제게 주셨지요. 이 용감한 이 조상의 땅을 제게 주셨지요…)

솔로(SOLO)인 미혼 청년들이 해마다 늘어가고 있다. 최근

통계청이 내놓은 '인구주택총조사 결과로 분석한 2000~2020 우리나라 청년세대 변화' 결과에 따르면, 결혼을 늦게 하거나 아예 하지 않아 30~34세 남녀의 미혼 비율이 절반을 넘었다고 한다. 19~34세 청년 미혼 비율은 2000년 54.5%에서 2010년 68.9%, 2020년에는 81.5%까지 올랐다. 청년 5명 중 4명이 미혼인 셈이다.

TV 방송 중에 SBS Plus '나는 SOLO' 프로를 보는 사람들이 많다. 요즘 인기 있는 프로그램이어서 아내와 함께 자주 보는 편이다. 지원자 중 남녀 6명씩 짝을 지어 남자는 영수, 영호, 영철, 영식, 상철, 광수, 여자는 영자, 영숙, 순자, 옥순, 현숙, 정숙으로 가명을 부여했다. 출연자들 대부분이 대기업이나 전문직을 가진 능력자들이고, 외모에 자신 있는 사람들이다. 지난 16기에는 돌싱(돌아온 싱글)편이 진행되었는데, 한번 결혼했던 경험이 있어서인지 미혼 출연자들보다 훨씬 더 솔직하고 대담했다. 이 프로그램을 보면서 느낀 점이 있었다. 결혼하지 않으려는 청년들도 많이 있지만, 솔로 탈출을 위해 애쓰는 청년들도 있다는 것으로 퍽 고무적이었다.

시대 흐름에 발 빠르게 움직이는 종교단체가 있는데 바로 불교단체다. 얼마 전 불교문화재단에서 실시하는 '템플 스테이'에 남녀 미혼 청년들을 초청하여 솔로 탈출을 위한 프로그램을 진행한 것이다. 이 뉴스를 보고 뒤통수를 한 대 얻어맞은 느낌이었다.

 기독교 단체서도 진작 눈을 돌려야 했다는 점이다.

 최근 종교에 관심이 없었던 후배가 템플 스테이에 참석했다면서, 스트레스 쌓이는 일상에서 벗어날 수 있어서 너무 좋았다고 참가 소감을 말했다. 템플 스테이에 대해 알아보니, 전국에 약 145개 정도 있는데, 서울에 16곳이 있으며, 전남이 23곳으로 가장 많았다. 지난달에는 부산 금정구에 있는 범어사에서 템플 스테이가 있었는데, 성인 10만 원, 중고생 9만 원, 초등생 8만 원의 참가비를 받고 1박 2일 진행되었다. 첫째 날 오후에 입실해서 사찰 예절교육, 숲길 걷기와 사찰 안내, 민화 그리기 등이 있었고, 둘째 날에는 새벽 4시에 일어나서 사물 관람 및 새벽 예불, 108배, 명상 및 스님과 차담 후 오전 10시에 퇴실하는 일정이었다.

 TV와 같은 대중매체뿐만 아니라 불교재단에서도 청년들의 결혼을 위해 각종 프로그램을 동원하고 있는데, 복음 가진 부모 조부모들은 청년들의 솔로 탈출을 위해 간절히 기도부터 해야 하지 않을까.

 그리스도를 영접한 사람이 아무리 많다 하더라도 그리스도의 제자가 아니면 후대에 복음을 전달할 수 없다. 핍

박 속에서도 죽음을 무릅쓰고 신앙을 지켜낸 초대교회 성도들, 로마서 16장과 히브리서 11장의 인물들과 같은 제자를 후대에 남겨야 언약을 전달할 수 있다. 그리스도의 제자를 키우는 플랫폼이 가정이며, 복음 운동의 주역을 양성해 내는 가문이 복음 왕가다.

교회에서 '영광의 솔로 탈출'(SOLO EXODUS) 프로그램을 기획하고 실행하면 새로운 시작이 되지 않을까. 솔로 남녀 7명씩 짝을 지어 성경 속의 인물들 이름을 붙여서 진행하면 솔로에서 탈출할 기회를 제공할 수 있다. 생육하고 번성하여 땅에 충만하게 되는 길이기도 하니 분명 하나님이 기뻐하실 것이다.

"하나님이 노아와 그 아들들에게 복을 주시며 그들에게 이르시되 생육하고 번성하여 땅에 충만하라(창9:1)"

48. 크리스마스가 되면 생각나는 것들

크리스마스가 다가오면 늘 생각나는 것이 몇 개 있다.

고1 때 교회에 처음으로 출석한 후 맞이한 크리스마스도 그중 하나다. 크리스마스이브에 교회 모여 찬양하고 연극 놀이하며 밤새운 후 새벽 송을 돌았다. 기쁜 성탄을 찬양하며 '메리 크리스마스!' 하면 친절한 권사님은 우리를 집안으로 불러들여 따뜻한 떡국과 과일, 과자를 주셨다. 군에 입대하여 군종 사병으로 있을 때도 새벽 송을 돌았다. 대대장은 엄격했지만, 온화한 성품의 사모님이 주셨던 따뜻한 어묵 국물은 지금도 잊을 수가 없다.

오 헨리의 단편 〈크리스마스 선물〉을 생각하면 가슴이 찡하다. 가난한 부부가 서로 크리스마스 선물을 준비하게 되었는데, 아내는 긴 머리카락을 잘라서 남편의 금시계 줄을 샀고, 남편은 금시계를 팔아 아내의 긴 머리에 어울리는 머리꽂이 빗 세트를 산 것이다. 선물을 산 남편이 집에 도착했는데 아내의 머리카락이 잘리고 없었으니 얼마나 당황했을까. 이 부부의 사랑은 후대까지 면면히 이어졌을 것이다.

가장 기억에 남는 건 흥남 부두 철수작전과 그때 태어난 아이 '김치 1, 2, 3, 4, 5'의 크리스마스 기적이다. 이때 태어난 아이들이 어떻게 되었을까 궁금했다. 어릴 때 누구를 만나느냐가 중요하기 때문이다.

흥남 부두 철수 작전은 기적이었다. 1950년 6월 25일, 북한이 남침하여 한국전쟁이 발발했는데 불과 3일 만에 서울이 함락되었다. 임시 수도 부산만 남겨놓고 한반도 전체가 북한군의 수중에 떨어져 위기에 빠졌던 절체절명의 순간, 16개국으로 구성된 UN 연합군의 인천상륙작전으로 9월 28일 서울을 수복했다. UN군은 단번에 북쪽으로 진격하여 통일이 곧 이뤄지는 듯했다. 1950년 12월 22일 중공군의 개입으로 한겨울 육로의 피난길마저 막혀버렸다. 이때 그 유명한 흥남 부두 철수작전이 시작된 것이다. 4,000여 명의 승선이 가능하다는 15,000톤급 메르디스 빅토리아호에 군수물자를 다 버리고 피난민 14,000명을 태운 것이다. 흥남 부두에서 출발, 부산을 지나 거제도 장승포에 도착하는 날까지 물도 마시지 못하고 그 자리에서 용변을 봐야 하는 극한 상황이었다. 역사상 가장 많은 사람을 태우고 항해한 배로 기네스북에 올랐다고 한다. 12월 25일 크리스마스 아침 거제도 장승포에 도착했을 때 5명의 아기가 태어났는데, 바로 김치 이름의 다섯 명이었다. 그중 김치 5가 현재 이경필 장승포 동물병원 원장이라고 한다. 열악한 환경에서 태어났지만, 어릴 때부터 양육을 잘 받았던 걸로 짐작된다. 동물을 아끼고 돌보며 치료하는 직업을 가졌다는 것은 인성과 지성을 갖추었음에 틀림없다.

이 땅에 태어난 아이는 환경보다는 어떤 양육자를 만나느냐에 따라 인생이 달라진다. 도시에서 시설 좋은 산부인과에서 태어난 아이라 할지라도 양육자를 잘못 만나면 불행한 인생을 살 수밖에 없다. 왜냐하면 인간은 태어나자마자 동물처럼 빠른 시간에 스스로 먹을 수 있고 배울 수 있도록 창조되지 않았고, 반드시 일정 기간 가르치고 돌볼 수 있도록 창조되었다. 장기간 양육자가 필요하며 단계적으로 양육할 중요한 역할이 있는 것이다. 병아리는 알에서 깨어나 4일 안에 어미 소리를 듣지 못하면 어미의 소리를 구별하지 못하고, 8일 안에 어미 닭을 보지 못하면 영원히 어미를 찾지 못한다고 한다. 인간도 태어나서 어떤 환경에 놓이느냐에 따라서 운명이 달라진다.

인도에서 발견된 늑대소년의 예를 보면 바로 알 수 있다. 인간은 태어났을 때 누구를 만나느냐가 아주 중요하다. 인간은 어머니의 배 속에 있을 때 이미 완성된 인격체로 형성되어 있다. 3주가 되면 태아의 뇌가 형성되고, 뇌가 자라면서 피질(cortex)을 생성하게 되는데, 피질은 기억력, 집중력, 감각 인식 능력, 사고력, 언어력, 의사 결정력의 출발점이 된다. 가장 중요한 시기가 0세부터 3세까지이며, 늦어도 6세까지이다. 태아 교육이 중요하다고 하면서도 태어난 후 6세까지 얼마나 중요한지 잘 모르는 양육자가 많다. 그 중요성을 알고 양육하고자 하는 부모는 시간과 경제적 여건이 쉽지 않다. 맞벌이하는 가정이 많기 때문이다. 이때 조부모가 조금만 도와줘도 큰 도움이 된다. 오늘날 격대교육이 필요한 이유다.

  초등학교 학생이 순수이성비판을 읽는다고 하는데 믿을 수 있겠는가. 순수 이성 비판은 대학생들도 읽기 어려운 내용인데 어떻게 초등학생이 읽게 되었을까. 사람의 뇌 구조는 공명정대해서 누구라도 어릴 때부터 양육자가 어떻게 교육하느냐에 따라서 달라질 수 있다. 평소에 책을 좋아한 외할아버지는 로마 시대부터 19세기까지 철학자의 책들을 거실의 책장에 장식용으로 꽂아두고, 말귀를 잘 알아듣지도 못하는 손자들과 놀면서 소크

라테스, 플라톤, 니체 등 철학자들의 책을 읽어주기도 하고 해설도 해주고 퀴즈도 내면서 놀았다. 할아버지는 자신이 특별히 좋아했던 〈로마제국 쇠망사〉(7번)와 마르쿠스 아우렐리우스의 〈명상록〉을 자주 읽어주곤 했다. 초등학교에 들어가서도 아이는 노는 게 책 읽는 것이었다. 문장력과 어휘력이 발달한 아이는 20대 초반에 모국어, 영어, 프랑스어, 라틴어, 그리스어를 했고, 대학을 졸업할 때 이탈리아어와 아랍어까지 7개 국어를 했다. 바로 아나운서 출신의 이정숙씨가 〈언어 멘토링〉에서 소개한 둘째 아들 조승연이다. 친정아버지한테 아들을 맡겨 격대교육을 받게 했다.

 한 해가 가고 새해를 맞이하게 된다. 후대를 살리고자 언약 가진 부모, 조부모는 반드시 복음 왕가의 응답을 받을 수 있다. 이 글을 읽는 모든 분에게 복음 왕가의 축복이 임하길 진심으로 기도드린다.

49. 후대 교육 플랫폼의 변화

'세 살 버릇 여든까지 간다'라는 속담이 있다. 어릴 때 학습으로 각인된 체질이 평생을 통해 한 인간의 삶을 지배한다. 할아버지, 할머니와 함께 3대가 모여 사는 가정의 아이와 그렇지 않은 환경에서 자란 아이는 차이가 있다. 전자는 노인 세대를 이해하는 폭이 넓어서 다양한 세대가 서로 얽혀 있는 현대사회에 적응하는 능력이 뛰어나다. 어릴 때부터 노인 공경의 자세와 방법이 저절로 터득되었기 때문이다.

1966년부터 1976년까지 한국 정부에서 국내 실업문제 해결과 외화획득을 목적으로 독일(서독)에 1만여 명의 간호 인력을 파견했다. 독일에 파견된 간호사들은 매년 1천만 마르크(한화 약 70억원) 이상을 국내로 송금했다고 한다. 6.25 한국전쟁 후 경제적으로 어려운 가정과 국가에 큰 보탬이 되었다. 독일에 간 간호사들의 업무는 말할 수 없이 고된 일이었다. 몸을 움직일 수 없는 치매 환자나 중풍 환자의 대소변을 받아내고, 목욕도 시키고, 똥오줌이 묻은 옷을 새 옷으로 갈아입히는 등 중환자 간병인 역할을 했다. 우리보다 덩치 큰 환자를 간병하려면 체력도 좋아야 했는데, 이런 육체노동을 감당할 수 있는 원천적 힘은 고향에 있는 가족이었다. 자기 발전과 성공을 위한 것보다 동생들을 공부시키고 부모님께 효도하고자 하는 참으로 효성스러운 딸들이었다.

한국 간호사들은 아주 부지런하고 성실하며, 영리하게 일에 숙달해서 독일의 수간호사들을 감동케 했다고 한다. 똥을 치우면서 비위가 상하고, 냄새나는 옷을 갈아입히면서 짜증이 날 때마다, 내 할아버지, 내 할머니, 내 부모라고 생각했다고 하니 당연한 결과였다. 당시 환자들은 한국 간호사를 많이 찾았다고 한다. 환자 자신이 수치심을 느끼지 않도록 편안하게 해 주었기 때문이다. 이들 간호사 대부분은 시골에서 할아버지, 할머니와 함께 살았고, 마을 어른들과도 친밀하게 지냈기 때문에 어른을 공경하는 마음이 남달랐다. 노인에 대한 거리감이 없고 공경심이 체득된 딸들이었다.

한 아이를 키우려면 온 마을이 필요하다고 했다. 옛날

에 내가 어릴 때는 온 마을이 우리를 키웠다. 멀리서 어른이 보이면 뛰어가서 공손하게 인사를 했다. 같은 마을에 살고 있기에 그분이 누구의 부모요, 할아버지, 할머니라는 걸 알고 있었다. 다가가서 인사를 하면 친근하게 머리를 쓰다듬어 주셨다. 설날이 되면 마을 어른들을 찾아가 세배했는데, 평소에 먹기 힘들었던 떡과 음식을 마음껏 먹었다. 파독 간호사들이 먼 타국 땅 독일에서 인정받고 성공할 수 있었던 것은 비록 배우지 못해도 어른을 공경하고 섬길 수 있는 인성과 덕성을 충분히 갖추었기 때문이다.

우리가 살아가려면 인간관계가 중요하다. 좋은 인간관계는 지성보다 덕성이 더 크게 작용한다. 사회에 진출하여 원만한 인간관계를 형성하는데도 지성보다 덕성이 더 유리하다. 이제는 덕성을 넘어 영성을 요구하는 시대다. 인간지능(AI) 시대가 다가왔기 때문이다. 빠르게 변화하고 있는 오늘날, 지성과 덕성, 영성을 갖춰야 2030, 2080 시대의 주역으로 살아갈 수 있다.

20세기 말, 산업화로 인구가 도시에 집중되어 핵가족이 늘기 시작했다. 같은 아파트에 살면서도 서로 모르는 환경이 되었다. 시골에도 아파트가 들어서면서 아이를 키우는 마을이 사라졌다. 어린이집과 유치원에 아이를 맡길 수밖에 없는 세상이다.

 오늘날 3대가 한 가정에 살기는 힘들다. 부부 맞벌이 가정이 많고 부모 이혼이나 별거로 한 몸 가정이 늘어났다. 마을이 사라지고 개인이 자녀 양육을 책임져야 하는 시대로, 조부모가 양육에 참여하는 가정이 늘고 있다. 격대교육은 조부모(할아버지, 할머니, 외할아버지, 외할머니)가 아이를 양육하는 교육인데, 주 양육자는 부모이고, 조부모는 조력자 역할이다. 노후에 접어들어 건강이 문제가 되고 있고, 손자, 손녀의 부모와 양육에 대한 가치관 차이로 격대교육이 쉽지 않다.

 주5일제 근무제로 바뀐 지 꽤 시간이 지났다. 청소년들이 주말을 건강하게 보내지 못하고 있다. '금토일 시대'를 열어 후대 교육을 하면 좋겠다.

 '금토일 시대'는 후대를 살릴 수 있는 절호의 기회다. 마을이 사라지고 있는 이때 교회가 마을의 역할을 대체할 수 있다. 가정과 교회를 연결한 교회학교 운영이 후대 교육의 플랫폼이 될 수 있다. 할아버지, 할머니가 장로, 권사 등의 중직자가 되었다. 그 옛날 마을의 어른 역할을 중직자들이 하면 된다. 매주 교회에서 어른과 아이들이 즐겁게 게임도 하고, 말씀 포럼과 독서포럼, 콘서트 등을 통해 친밀감을 가지면 좋겠다. 어른에 대한 공경심이 저절로 각인, 뿌리, 체질 되어 세계 살리는 주역이 될 것이다.

이제 곧 가정의 달 5월이 된다. 가정과 교회가 '금토일 시대'에 적극적으로 참여해서 후대를 살리면, 하나님이 가장 기뻐할 것이다.

50. 일생을 좌우하는 어린시절의 만남

2015년 4월 말 홍콩에서 선교 집회가 있었는데, 그때 있었던 일이다.

집회 기간 국내 사역자와 홍콩 사역자 합동 팀은 낮에는 중문대와 홍콩대 등 대학을 중심으로 사역을 진행하고, 밤에는 격대교육 강의를 한 시간씩 했다. 그동안 진행해 왔던 격대교육 연수 등을 소개할 수 있었다.

며칠 지나지 않아 같이 갔던 아내가 감기 몸살을 앓았다. 그때 홍콩 사역자인 K권사께서 자기 집에 가서 좀 쉬는 게 어떻겠냐고 권했다. 집에 초청받아 갔는데 맛있는 김치찌개 식사를 대접받았고, 아내는 곧 힘을 얻어 무사히 집회를 마무리할 수 있었다.

당시 K권사 댁에 도착했을 때 필리핀 출신의 가사도우미가 있었다. 홍콩에서는 가사도우미를 보모라고 했다.

언니가 이 집에 보모로 있다가 결혼한 후 동생이 들어와서 현재 함께 살고 있었다. K권사께는 아들 둘, 딸 둘이 있는데, 이들을 보모 자매가 K권사를 도와서 키웠다. 다행히 아이 교육만은 보모한테 전적으로 맡기지 않고 직접 K권사 본인이 주 양육자 역할을 해서 아이들이 잘 자랐다. 영국 유학 중인 아들은 이 시대의 바울로 흑암 경제를 빛의 경제로 살리고자 하는 비전을 갖고 있었다.

홍콩에는 보모 제도가 일반화되어 있었다. 맞벌이로 부부가 바쁜 이유다. K권사께선 직접 자녀를 키우면서 보모에 의존하지 않았지만, 대부분 가정에는 자녀를 보모한테 맡겨서 키웠기 때문에 아이들이 성장하며 많은 문제를 갖고 있다고 들었다.

최근 한국에 보모와 같은 역할을 하는 '가사관리사'가 생겼다. 필리핀에서 780시간 이상 교육을 받고 자격증 'Caregiving-NC II'을 획득한 필리핀 가사관리사 100명이 한국에 들어왔다. 한국과 필리핀 정부의 업무협약에는 영유아와 어린이 돌봄뿐 아니라 환자와 간병, 아이의 동거가족을 위한 부수적이며 가벼운 가사서비스를 제공할 수 있다는 내용도 포함되어 있다. 이 제도가 저출산 문제 해결에 도움은 되겠지만, 전적으로 아이를 이들에게 맡겨선 안 된다.

칼 비테의 자녀 교육법에 보면 이런 이야기가 나온다.

어떤 부자 부부가 아이를 낳은 뒤에 기념으로 해외여행을 떠나면서 아이를 친척 집에 맡겼다. 그들은 아이가 크면 놀 시간이 없을 테니 어릴 때 밖에서 많이 뛰어놀게 해 달라는 부탁을 하고 여행을 떠났다. 하지만 친척인 사람은 아이를 직접 돌보지 않고 집사에게 맡겼다. 부자 부부는 몇 년간 마음껏 세계여행을 즐기고 돌아와 아이를 보게 되었다. 아이가 어떤 반응을 보였을까? 그들은 눈앞에 벌어진 광경에 얼이 빠지고 말았다. 교육은 아이가 태어나는 순간부터 시작된다는 걸 그들은 몰랐던 것이다. 결국 그들은 뒤늦게 크게 후회하게 되었다. 부부는 훌륭한 교육을 받고 점잖게 행동하는 사람들이었지만 아이는 욕을 달고 살았다. 툭하면 말썽쟁이들과 어울려 못된 짓을 꾸미거나 싸움박질하고 어린이들을 괴롭혔다.

부부가 교육을 시키려고 할 때마다 마주치는 건 낯설고 차가운 눈빛이었다. 결국 아이는 올바르게 크지 못하고, 열다섯 살 때부터는 가출을 밥 먹듯 하게 되었다고 한다. 지극히 당연한 일이다. 보모나 집사 등을 통해 아이를 보살피는 게 나쁜 것은 아니다. 하지만 절대 위임해서는 안 될 것은 자녀 교육에 대한 부모의 책임이다. 조부모가 양육자인 경우도 마찬가지로 자신이 책임지고 양육해야 한다.

세계적인 바이올리니스트 '사라 장'(장영주)은 한국에서 할아버지와 할머니가 키웠다. 사라 장의 아버지 템플대학교 장민수 교수가 딸의 성장 과정을 담은 책이 〈바이올리니스트 장영주의 아름다운 질주〉이다. 여기에 보면 사라장이 필라델피아에서 태어났을 때, 당시 부모는 유학 생활 중이었기 때문에 펜실베이니아대학교의 탁아소에 맡겼다. 저녁 여덟 시가 되어야 탁아소에서 부모 품으로 돌아왔던 사라 장은 심리적인 어려움이 많았고, 이를 알게 된 부모는 딸을 한국에 사는 부모한테 보내게 되었다. 진심으로 아끼고 사랑으로 보살펴주는 자애로운 할아버지와 할머니로부터 격대교육을 받게 된 사라 장은 정말 행복한 유아 시절을 보냈다. 자기 생각이 존중되고, 자신이 바라는 대로 마음껏 뛰노는 어린 시절을 보냄으로써, 창의력과 자립심이 균형 있게 발달하여 오늘날 세계적인 바이올리니스트가 되었다고 한다.

강아지는 먹다 남은 음식을 땅에 파묻는 능력이 기간 내에 발휘되지 않으면 영원히 음식을 땅에 못 묻게 된다고 한다. 사람도 마찬가지다. 적어도 3세까지 엄마와의 애착 관계는 평생을 간다고 한다.

아이의 영유아시기에 보모한테 전적으로 맡겨서는 안

된다. 아이의 모든 수준은 보모의 수준을 넘어서지 못한다. 부모 혹은 조부모가 전적으로 아이를 맡고 키워야 한다.

51. 손자 둘 너무나 달라

얼마 전 어느 장로님의 한숨 섞인 하소연을 듣고 상담을 한 적이 있다. 손자가 둘 있는데, 첫째는 중학교 1학년, 둘째는 초등학교 5학년인데 둘이 성격이 아주 달랐다. 첫째는 모범생으로 학교 성적이 최상위권에 속할 정도로 공부를 잘했다. 반면에 둘째는 별나고 도저히 종잡을 수가 없어 고민이 이만저만 아니라는 것이다. 어릴 때부터 고집이 세고 한번 울면서 떼를 쓰면 온 가족의 진을 다 빼곤 했다는 것이다. 작년 겨울 방학을 맞이하여 가족 행사로 여행을 가기로 했는데, 당일 갑자기 친구와 약속했기 때문에 놀러 가야 한다면서 빠지겠다고 했다. 할 수 없이 둘째를 빼고 여행을 다녀왔다는 것이다.

전능하신 하나님은 실수하지 않는 분이다. 분명히 같은

형제인데도 다른 기질과 성격을 주신 이유가 있다. 그 이유를 찾아서 하나님께 쓰임 받도록 인도해야 할 의무가 복음 가진 자에게 있다. 예수 그리스도로 구원받은 사람은 그리스도의 지체다. 부모와 조부모는 후대에게 하나님이 주신 달란트를 찾아 줘야 한다. 그 장로님께 손자들과 함께 시간을 좀 내어달라고 해서 두 아이를 만나게 되었다. MBTI검사를 해 보았다. 요즘은 인터넷으로 무료로 검사받을 수 있다. 큰아이는 ISTJ로, 차분하고 생각을 많이 하며 한번 시작한 일은 끝까지 해내는 '소금형' 기질이고, 둘째는 ENFJ로, 성격이 쾌활하고 타인과 함께 협동하는 '언변 능숙형' 기질이었다. 서로 다르다는 사실을 알게 된 장로님은 안도의 한숨을 쉬었다. 둘째가 틀린 것이 아니라 다르다는 것을 알게 된 것이다. 그 장로님께 앞으로 둘째를 빼고 가족 여행을 가는 일은 절대 없도록 간곡히 부탁을 드렸다. 둘째를 위해 가족 여행을 포기할 때 더 큰 것을 얻을 수 있기 때문이다.

  10여 년 전 학교에 근무할 때 비슷한 환경의 가족을 만난 적이 있다. 같은 학교에 근무하던 후배 교사가 어느 날 상담실에 찾아왔다. 그 후배의 아내도 다른 학교에서 근무 중인 교사였다. 아이가 셋인데, 큰아들은 공부를 잘해서 국제고등학교에 재학 중이었고 성적도 상위

권에 속했다. 중학교 2학년인 둘째는 그야말로 천방지축으로 어디로 튈지 몰라서 부모가 전전긍긍한다는 것이었다. 마지막 셋째는 늦둥이 유치원생 딸이었는데 귀여움을 독차지했다. 자연히 부모 속을 썩이는 둘째가 버거운 대상이었고, 미운 둘째한테는 좋은 말보다는 짜증 섞인 말을 할 수밖에 없었다. 그때 〈진로정보망 커리어넷-www.career.go.kr〉과 〈워크넷-www.work.go.kr〉을 통해 아이의 성격과 기질을 파악하고 흥미에 맞는 직업과 진로 방향을 잡도록 했다. 그들 부부한테 부모가 자녀 중 어느 한쪽을 편애하면 안 되고 똑같이 존중해 달라고 했다. 특히 둘째는 인정하는 말과 칭찬을 아끼지 말라고 부탁했다.

  수년 후 첫째는 성균관대학교 경영학부에 들어가고, 둘째는 한국외국어대학교 스칸디나비아어과에 입학했다.

  상담실에서 상담했던 그 이듬해, 그 후배는 온 가족과 함께 유럽 여행을 가게 되었는데, 넉살 좋은 둘째가 그곳에서 북유럽의 노르웨이에서 온 친구를 사귀게 되었다. 말도 잘 통하지 않았지만 성격과 기질이 비슷하여 손짓, 발짓 등 몸짓으로 소통하여 재밌게 여행을 즐겼다고 한다. 여행을 다녀온 후 한국외국어대학교에 스칸디나비아어과가 있다는 사실을 알고, 공부를 열심히 해서 입학한 것이다. 동기부여가 중요하다는 것을 일깨워 준 사례이다. 고린도전서 12장에 보면, 몸은 하나인데 많은 지체가 있고 몸의 지체가 많으나 한 몸임과 같이 그리스도도 그러하다고 기록되어 있다. 즉 우리도 각각 그리스도의 몸 된 지체로 눈의 역할을 하기도 하고, 귀의 역할, 팔과 다리의 역할을 해야 한다. 하나님이 쓰시기 위해 각기 다른 그릇으로 준비하신 것이다.

창세기에 나오는 이삭의 쌍둥이 아들 '에서'와 '야곱'도 성격과 기질이 달랐다. 에서는 남자답고 사냥도 잘해서 아버지 이삭은 장남 에서를 좋아했던 것 같다. 창세기 27장에 보면 늙은 아버지 이삭이 에서에게 사냥을 해 오라 했다. 사냥한 음식을 먹으며 죽기 전에 장남에게 축복하고자 한 것이다. 이 말을 듣고 쌍둥이 차남 야곱을 사랑하는 어머니 리브가는 에서에게 주고자 한 축복을 야곱이 받도록 하였다. 결국 이 사실을 알게 된 에서는 불같이 화를 내며 동생 야곱을 죽이겠다고 했고, 야곱은 하란에 있는 외삼촌 라반의 집으로 도망가게 되었다. 똑같은 대물림이 야곱에서도 나타났다. 야곱은 열두 아들 중에서 특별히 라헬이 낳은 요셉을 사랑하여 좋은 옷을 입히고 편애했다. 이를 시기한 형들이 요셉을 죽이려고 했고, 마침내 애굽의 노예로 팔고 말았다. 여기서 야곱과 요셉을 세상의 관점에서 볼 때 납득하기 힘들지만, 둘 다 언약의 백성이라는 정체성을 갖고 있다. 그래서 하나님의 계획 속에서 하나님의 나라를 확장하는 데 쓰임 받게 된 것이다.

　하나님은 우리 인간을 원래 왕으로 창조하셨다. 창세기 1장 27절과 28절에 보면 인간을 하나님의 형상대로 만드셨고, 만물을 정복하고 다스리는 존재로 창조하셨다. 모든 사람에게 하나님이 유일한 달란트를 주셨고, 그 달란트로 전문성의 응답을 받도록 창조되어 있다. 그러므로 사람마다 성격이 다르고 기질이 다르다는 것을 인정해야 한다. 격대 교육하는 조부모들이 꼭 알아 두어야 할 사항이다.

52. 편지의 힘

편지가 주는 힘은 강하다. 영화나 가요 제목에도 '편지'가 있어서 대중에게 감동을 주는 작품이 되기도 하고, 남녀 연애편지와 펜팔 편지로 결혼에 이르기도 한다. 특별히 복음 가진 부모나 조부모가 아들이나 딸, 손자, 손녀에게 보내는 편지는 그들의 인생을 탄탄하게 만드는 메시지가 되어 복음 왕가의 시작이 되기도 한다.

자녀가 어릴 때 받은 편지는 그 영향력이 더 크다. 어린이집이나 유치원, 학교에 다녀왔을 때, 생일이나 특별한 날을 맞이했을 때, 여행을 가거나 출장으로 집을 떠나 멀리 다녀올 때 아이에게 쓴 편지는 아이의 성장과정에 꿈과 비전을 주는 원동력이 되고 즐거운 추억도 만들어 준다.

자녀가 학교나 유학, 군대 입대 등으로 가족과 떨어져 있는 경우에도 편지의 효과가 큰데, 손으로 쓴 편지는 스마트폰이나 메일로 보내는 편지보다 훨씬 더 따뜻한 사랑과 훈육의 메시지를 전달하게 된다.

"모든 성경은 하나님의 감동으로 된 것으로 교훈과 책망과 바르게 함과 의로 교육하기에 유익하니"(딤전3:16) 하나님의 말씀을 편지에 담아 보내면 부모나 조부모의 간곡한 당부 말씀이 아이가 평생 살아갈 삶의 지침이 되고, 가정의 언약과 문화를 후대에 전달하게 된다. 이것은 세상이 할 수 없는 최고의 교육이다. 또한 가족의 소중함과 가족 사랑이 얼마나 큰 힘이 되는지 깨닫게 되어 세상을 살아갈 때 가족이 강력한 지원군이 되니 편지는 축복의 통로라 할 수 있다.

사도 바울이 로마에 보낸 편지 〈로마서〉는 백번 읽어도 더 읽고 싶은 편지이다. 예수 그리스도를 소개하며 자신이 참 그리스도인이 된 과정을 솔직히 표현하여, 읽을 때마다 그리스도와 하나님을 더 깊이 알게 되니 큰 은혜이다. 〈로마서〉는 로마뿐만 아니라 전 세계 성도들이 그리스도 안에서 한 가족이 되게 한 그리스도의 편지라고 생각된다.

다윗이 쓴 편지도 많은 사람들에게 위로와 평안을 주며 어린이들에게는 삶의 방향을 결정해 준다. 우리 집 아이들이 어릴 때 어린이 성경책을 사줬더니, 삽화로 들어있는 성경의 인물 사진과 해설을 통해 성경 지식이 많이 늘었다고 했다. 그때 다윗의 시편을 많이 읽었는데, 양을 치는 목자에서 왕이 되는 과정까지 죽음의 문턱을 넘나들면서도 하나님이 함께하심을 믿고 고백한 편지에 큰 감명을 받았고, 이 시편의 말씀이 도전할 수 있는 힘이 되었다고 했다. 이런 편지의 위력은 복음 왕가의 응답을 받는 데 큰 역할을 하게 된다.

 청소년 교양 필독서로써 〈내 아들 딸들아 세상은 너의 것이다/안장환 엮음〉를 읽어보면, 퇴계 이황, 다산 정약용 등의 편지가 후손에게 좋은 영향을 끼쳐서 오늘날 명문가의 반열에 오른 걸 보게 된다. 다산 정약용(1762~1836)이 〈신유사옥〉으로 유배되어 전라도 강진에 18년간 살면서 유배지에서 아들과 딸들에게 쓴 편지가 이 책에 쓰여 있다. 1부는 〈성현들의 가르침〉을 주제로 '자신만은 지켜라', '용기를 갖고 실천하라' 등 13편이고, 2부는 〈책 속에 길이 있다〉 편으로 '어떻게 읽을 것인가', '글은 곧 사람' 등 12편의 글이 있다. 3부는 〈세상을 사는 지혜〉로 '용서하는 사람이 큰 인물', '말은 곧 화살' 등 15편의 글이 있고, 4부는 〈미래를 내다보는 삶〉으로 '보석보다 귀한 두 글자', '말과 몸가짐, 그리고 얼굴빛' 등 15편의 글이 있다. 4부에 속한 '말과

몸가짐, 그리고 얼굴빛'을 옮겨 보면,

'세상에서 비스듬히 드러눕거나 삐딱하게 서고, 아무렇게나 지껄이거나 눈알을 이리저리 굴리면서 경건한 마음을 가질 수 있는 사람은 없다. 그래서 몸을 움직이는 것, 말하는 것, 얼굴빛을 바르게 하는 것, 이 세 가지가 학문을 하는 데 있어 가장 중요하게 마음을 기울어야 할 덕목이다. 이 세 가지도 못하면서 다른 일에 힘을 쓴다면, 비록 하늘의 이치에 통달하고 재주가 있고 다른 사람보다 뛰어난 식견을 가졌다 할지라도 결국은 발뒤꿈치를 땅에 붙이고 설 수 없게 되어 어긋난 말씨, 잘못된 행동, 도적질, 매우 못된 짓, 이단이나 잡술 등으로 흘러 걷잡을 수 없게 될 것이다. 나는 이 세 가지에 힘쓰겠다는 뜻으로 '삼사재(三斯齋)'라는 당호를 삼고 싶다. 다시 말하면 이 세 가지는 난폭, 거만한 것을 멀리하는 대신 미더움을 가까이한다는 의미니라.'

짧은 편지 내용이지만 분명한 가르침이 들어 있어 자녀를 위한 귀한 훈계라고 생각된다.

"마땅히 행할 길을 아이에게 가르치라, 그리하면 늙어도 그것을 떠나지 아니하리라"(잠22:6) 이 말씀에 비추어 볼 때, 말과 행동과 얼굴빛에 관한 내용을 하나님의 말씀에 맞춰 쓰게 된다면 이 편지를 받은 아이는 평생 마음에 간직하며 실천할 것이다.

이사야서 58장 11절과 12절, 59장 21절의 말씀이 내게 다가와 격대 교육에 대한 언약을 붙잡게 된 것은 하나님의 은혜이다. 딸 결혼식 때 축복 기도를 하게 되었고, 아들이 결혼할 때는 아들과 며느리에게 편지를 썼다. 딸과 며느리가 손자를 가졌을 때 태중에 있는 손자한테 편지를 써 보냈고, 사위와 아들한테 그 편지를 굵직하고 편안한 음성으로 태중의 손자에게 읽어주도록 했다. 손자가 태어났을 때, 100일이 되었을 때, 첫돌을 맞이할 때도 편지를 써서 보냈다. 손자에게 편지를 쓰는 동안과 그 편지를 읽을 때마다 할아버지로서 큰 기쁨이 되었다.

 퇴계 이황(**退溪 李滉,** 1501~1570)은 손자인 안도(**李安道,** 1541~1584)에게 16년 동안 편지를 주고받았다고 하는데, 손자에게 보낸 125통의 편지는 '안도에게 보낸다'라는 책으로 발간되었다. 이제 곧 최대 명절 '설날'을 맞이하게 된다. 올해는 명절에 참석하지 못해 떨어져 있는 후대에게 편지를 쓰면 좋겠다.

 훈육보다는 사랑과 격려와 칭찬의 편지를.

축복 1. 딸의 결혼식에 아빠의 축복 기도

"사랑은 오래 참고 사랑은 온유하며 시기하지 아니하며 사랑은 자랑하지 아니하며 교만하지 아니하며 무례히 행하지 아니하며 자기의 유익을 구하지 아니하며 성내지 아니하며 악한 것을 생각하지 아니하며 불의를 기뻐하지 아니하며 진리와 함께 기뻐하고 모든 것을 참으며 모든 것을 믿으며 모든 것을 바라며 모든 것을 견디느니라"

참된 사랑이 뭔지 잘 가르쳐 주신 사랑의 하나님!
오늘 하나님 앞과 온 가족, 친지와 하객 여러분들 앞에서 축복의 혼례를 올리게 되어 참으로 감사합니다.
신랑 신부가 7여 년의 긴 교제 기간을 통해서 기쁜 날도 있었지만 때로는 어렵고 힘든 고비들을 그리스도 안에서 잘 극복하여 오늘 축복의 날에 이르게 되어 감사를 드리며, 앞으로 살아가면서 하나님이 가르쳐주신 사랑을 마음에 품고 삶의 지표로 삼고 살아가게 하옵소서.

　우리 인생의 삶과 죽음을 주관하시며 모든 것을 알고 성취하시는 하나님 아버지!

　인생의 근본적인 문제를 해결하신 예수 그리스도를 통해서, 어릴 때부터 가지고 온 모든 정신적인 억압에서 해방되게 하시고, 사주팔자 운명에서 자유하게 하시며, 이 세상에 왜 태어났으며 살아가야 할 이유를 알게 하시고, 가문을 타고 내려오는 액운들을 단번에 끊을 수 있는 복음을 가질 수 있게 되어서 진심으로 하나님께 감사를 드립니다. 아내와 함께 자녀에게 복음을 물려줄 수 있는 부모가 되었고, 신부 원경이를 통해서 신랑 동진군한테도 복음이 전달되어, 오늘 이 시간 한 가정을 이루게 되어서 참으로 감사를 드립니다.

　언약을 주셔서 성취하시는 하나님 아버지!

　신부 원경이가 전 세계 음악 하는 청소년들을 품을만한 영적 그릇과, 그들을 이끌만한 전문성과, 그들을 살릴만한 경제력으로 문화적 기업을 세워 그들을 도울 수 있게 해달라는 꿈을 꿀 수 있는 것도 하나님의 은혜인 줄 압니다. 아울러 신랑 박동진군 또한 삶 속에서 매 순간 하나님이 함께 하심을 누리게 해주시고 특히 자본의 흐름을 분석하고 예측하는 전문성을 키워서 이 분야의 유일성을 갖게 하사 많은 사람을 도울 수 있는 사회적 선교적 기업을 세울 수 있을 만큼 큰 은혜를 베풀어 달라고 기도하는 것도 하나님의 큰 은혜인 줄 압니다. 이렇게 거룩한 비전을 가지고 시작하는 신랑 신부를 통해서 하나님이 영광을 받으시고, 이들의 기도를 들어 주옵시고, 하나님의 능력과 사명을 체험하는 실제적인 삶이 되게 하옵소서.

사랑의 하나님! 말씀을 붙잡을 때 그 약속의 말씀을 시행하고 성취하시는 분이 하나님이신 줄 믿습니다.

오늘 두 신랑 신부에게 아브라함에게 주신 언약의 말씀을 주시기를 소원합니다. "내가 네게 큰 복을 주고 네 씨가 크게 번성하여 하늘의 별과 같고 바닷가의 모래와 같게 하리니 네 씨가 그 대적의 성문을 차지하리라. 또 네 씨로 말미암아 천하 만민이 복을 받으리라"라고 하신 말씀을 이들 부부가 붙잡기를 원합니다.

아브라함의 가문이 모델이 되게 하옵시며, 대대로 언약을 전달하여 끊어지지 않는 복음 명문 가문이 되게 하옵소서.

사랑의 하나님 아버지! 마지막으로 이 두 부부가 하나님께서 가르쳐 주신 사랑을 실천하길 원합니다. 하늘을 두루마리 삼고 바다를 먹물 삼아도 다 기록할 수 없을 정도로 하나님의 사랑을 깊이 새기고 하나님을 경외하고, 부모님을 공경하며, 형제 자매와 이웃에 이르기까지 사랑을 실천하는 신랑 신부가 되기를 소원합니다. 이들 당대에서 시작되어 대대손손 언약과 사랑의 노래가 후대에 전달되어 이들의 씨를 통해서 천하 만민이 복을 받는 가문이 되게 하나님이 도와주옵소서. 오늘 특별히 주례의 단상에서 축복의 말씀을 주실 목사님께 하나님이 큰 은혜를 베풀어 주시고, 이 자리에 참석하신 모든 분에게도 하나님의 무한한 사랑이 넘치게 하사 행복한 한날이 되게 하옵소서.

하늘과 땅의 모든 권세를 가지신 예수님 이름으로 기도 드립니다. 아멘

2013년 2월 13일,
해운대 한화리조트 3층 베르나차 웨딩홀에서,
신부 아버지가

축복 2. 사무엘의 언약 기도로 낳은 손자

결혼 적령기를 지나가는 딸이 2012년 결혼하겠다고 했을 때, 아내와 함께 진심으로 하나님 은혜에 감사했다. 이듬해 2013년 2월 결혼 예배를 드리며, 이제 손주를 보겠구나 하는 기대감 또한 가슴 벅찼다.

당시 대학을 졸업한 아들이 서울에서 취업한다고 하여, 아내와 함께 서울로 이사해서 아들과 딸이 낳을 손주들을 키우고자, 즉 격대교육을 하려고 정년을 몇 년 앞두고 2015년 2월에 조기퇴직을 했다. 그러나 결혼 후 4년이 지나도록 손주 소식은 없었고, 아들도 부산에 있는 직장에 근무하게 되어 서울로 이사 가는 것을 미룰 수밖에 없었다. "사람이 마음으로 자기의 길을 계획할지라도 그의 걸음을 인도하시는 이는 여호와시니라"(잠16:9). 하나님은 다른 계획을 갖고 계셨으니, 내 계획과는 달리 임마누엘교회 사무국에서 봉사하게 한 것이다.

결혼 후 5년째 접어드는 2017년 새해 벽두에 반가운 소식을 알려왔다. 후대를 위해 기도하기 시작한다고 딸한테서 연락이 왔는데, 사무엘의 언약을 붙잡았다고 했다. 과학과 문명은 발달했지만, 희귀병과 정신질환 등 치유 불확실성의 시대에, 미스바 운동을 통해 시대를 살릴 후대를 두고 남편과 함께 기도에 들어간다고 했다. 하나님이 원하시는 기도를 해서인지 곧 임신 소식이 들려왔고, 2018년 1월10일, 27시간의 긴 산고 끝에 태어난 손자가 지금 네 살이다.

할아버지가 된 기쁨으로 손자 보러 자주 서울에 가고 싶지만, 코로나 시대와 교회에서 맡은 일도 있어 쉽게 갈 수 없다. 그나마 영상통화를 통해 얼굴 보고 대화할 수 있으니 참 감사하다. 나와 달리 손자가 보고 싶으면 언제든지 딸한테 전화하고 달려가는 아내, 늘 반갑게 맞아주는 딸과 사위가 고맙다.

격대교육하는 아버지가 딸에게 부담이 될 수 있다. 평소 강의를 통해 원론적인 말을 할 수밖에 없고, 그대로 아이를 키우기란 쉽지 않기 때문이다. 감사하게도 내가 강의한 내용보다 더 잘 키우고 있다.

가장 칭찬하고 싶은 것은 아이를 복음 안에서 흔들리지

않고 초지일관하고 있다는 점이다.

 육아가 힘들어서 중도에 배운 것을 포기할 수도 있는데, 꾸준히 육아하고 있는 딸이 기특하고 감사하다.

 일관성을 갖고 지속하고 있는 육아 몇 가지를 든다면,

 첫째로, 처음부터 영상물을 보여주지 않고 책과 장난감으로 같이 놀고 있다. TV나 스마트폰 등의 영상물을 아이에게 보여주지 않기란 쉽지 않다. 식당이나 공공장소에 가면 어쩔 수 없이 TV를 보게 되지만, 집에서는 절대로 보여주지 않고, 책과 장난감으로 하루를 보낸다. 영상물은 자극성이 있어서 한번 보게 되면 책을 읽고 싶은 마음이 없어진다는 것을 알고 있기 때문이다. 옛날 부모들 모임이 있을 때, 아이들만 따로 방에 모아두고 만화 비디오를 보여주곤 했는데, 그렇게 자란 아이들이 대부분 책을 잘 읽지 않더라는 것이다.

 둘째로, 아이를 훈육할 때 회초리를 들지 않고 꼭 말로 설명하고 있다. 하나님의 형상을 닮은 인간은 아무리 어린아이라도 존중받아야 하며, 대화를 통해서도 충분히 육아가 가능하다고 믿기 때문이다. 회초리를 들지 않고 말로써 훈육해야 한다고 강의를 통해 강조했기 때문에 이를 실천하고 있다. 딸이 키우고 있는 손자는 주위에서 좀 별나다는 말을 들을 정도로 에너지가 넘치고 활달하다. 말을 해도 듣지 않고 고집을 피울 때가 많은데, 그때마다 충분히 회초리를 들 수 있다. 화를 내야 하는 상황이 반복되어 평소와 같은 표정과 말투로 화내지 않고 단호히 설명하려면 내공이 강해야 한다. 지금까지 한 번도 아이를 때리지 않고 말로 훈육하고 있는 딸을 보면, 하나님이 특별한 내공을 주신 것이 아닌가 생각된다.

셋째로 잠자리에 들기 전에 책을 읽어주고 성경이야기도 들려주며 기도한 후 잠을 재운다. 집에 오백 여권 넘는 책이 있는데 매일 한 권씩 읽어주고 있다. 지금은 엄마가 읽어주지만, 아이가 글자를 알고 스스로 책을 읽기 시작하면 학교 가기 전에 유대인 자녀처럼 오천 권은 족히 읽게 되리라 생각한다. 하루도 빠지지 않고 일관성 있게 하는 모습이 참으로 갸륵하다.

마지막 넷째로, 육아는 아빠도 함께해야 한다는 규례를 갖고 있어서, 꼭 주말과 공휴일에는 아빠와 같이 놀 수 있도록 시간을 갖게 한다. 남편이 직장 일로 피곤하니 주말에 쉬게 하거나, 남편이 육아하는 걸 보니 신통치 않아 아이를 맡기지 않는 엄마도 더러 있다. 어릴 때부터 아들이 아빠와 함께 보내는 시간이 성장 과정에 큰 도움이 된다는 것을 알고 있기에 꼭 이런 시간을 마련해 준다고 했다.

교회 주일 학교 유아부에 적극적으로 동참하며, 올해 여름 성경학교에도 즐겁게 참석하고 있다고 했다.

 딸은 자신이 졸업한 대학 동문들의 커뮤니티 이야기를 가끔 했다. 비슷한 시기에 아이를 낳고 키우며 대화를 나눈 동문이 많이 있는데, 결국 육아 방법과 방향이 같은 동문 서너 가정만 자주 만나서 되었고, 평소에 박물관과 식물원, 공원에도 이들 가족과 같이 간다고 했다. 지난달에는 세 가족이 함께 제주도 여행을 다녀왔다고 한다.

 코로나19 시대 부산에서, 시공간을 초월하는 보좌의 능력이 미래의 왕을 키우고 있는 딸과 사위에게 충만히 임하시길 기도하고 있다.

2021년 7월 10일

편지 3. 손자 '복둥이'에게 보낸 할아버지 편지

사랑하는 복둥이에게,

안녕 복둥아! 엄마가 복둥이를 잉태했다는 소식을 듣고 할아버지와 할머니는 복둥이를 보내주신 하나님께 깊은 감사를 드리며 크게 기뻐했단다. 이렇게 할아버지가 복둥이에게 편지를 쓸 수 있으니 참으로 기쁘고 행복하구나. 태명을 복둥이로 했다는 소식을 듣고 정말 좋은 이름을 지었다고 생각했다. 옛날 너의 증조 외할머니께서 네 엄마를 무척이나 좋아하고 귀하게 여기셨단다.

언제나 "우리 복둥이, 우리 복둥이" 말하셨던 게 기억이 난다. 우리가 말하는 복둥이란 세상의 복뿐만 아니라 하나님이 주신 복을 가진 아이를 말한다. 복둥이도 이 말을 들으니 기분이 좋을 거다. 할아버지와 할머니도 기분이 참 좋단다.

복둥아! 엄마, 아빠가 결혼한 후 시간이 많이 흘러 복둥이 잉태 소식을 듣고 많은 일가친척과 이웃들이 기뻐했단다. 4년 전, 관광지로 이름난 부산 해운대에서 복둥이 아빠와 엄마는 7년간의 오랜 교제 기간을 거친 후 멋진 결혼식을 올렸단다. 모든 일을 급히 서두르지 않고, 하나님 앞에서 기도하면서 성실히 준비하는 엄마와 아빠를 할아버지와 할머니는 늘 자랑스럽게 여겼었지. 복둥이도 틀림없이 아빠와 엄마를 자랑스럽게 여길 것이라 믿는다.

이렇게 멋진 아빠와 엄마가 올해 초, 이스라엘의 제사장이요 선지자며 지도자인 사무엘과 같은 후대를 보내달라고 하나님께 기도하기 시작했다고 하더구나.

당시 블래셋이란 강대국이 이스라엘을 침략하며 괴롭혔고, 이스라엘 백성들은 우상을 섬기며 자기 소견대로 행하기 때문에 사무엘의 어머니 한나는 나실인의 언약을 붙잡고 기도하였단다. 나실인은 오직 하나님 중심으로 살면서 하나님을 사랑하며 하나님을 기쁘게 하는 사람이란다. 그때 한나가 낳은 아들이 사무엘인데, 사무엘이 살아 있는 동안에는 전쟁이 없었다고 한다. 강대국 블래셋이 쳐들어오지 못했다는 것이다. 사무엘이 기도하는 모든 것이 땅에 떨어지지 않고 성취되었다고 하니 정말 대단한 인물이라고 생각하지 않니? 복둥이도 사무엘처럼 나라와 시대를 살리고 전 세계 현장을 살리는 지도자가 될 것으로 믿고 있단다. 사무엘과 같은 후대를 위해 기도한 엄마, 아빠가 너무나 자랑스럽단다. 복둥이가 참 부럽구나, 이렇게 자랑스러운 엄마, 아빠가 계시니 말이다.

복둥아! 하나님은 이 세상을 창조하시고 다스리는 전능하신 분으로, 우리가 하나님의 말씀을 붙잡게 되면 하나님은 그 약속의 말씀을 반드시 시행하고 성취하신단다. 할아버지는 엄마, 아빠 결혼식 때 다음과 같이 아브라함 가정에 하나님이 주신 언약의 말씀을 아빠와 엄마도 붙잡도록 기도했단다.

"내가 네게 큰 복을 주고 네 씨가 크게 번성하여 하늘의 별과 같고 바닷가의 모래와 같게 하리니 네 씨가 그 대적의 성문을 차지하리라. 또 네 씨로 말미암아 천하 만민이 복을 받으리라" 이런 가문이 된다면 정말 멋지다고 생각하지 않니? 우리 복둥이가 그 첫 번째 후손이 되는 거란다. 복둥이를 시작으로 하늘의 별과 같고 바닷가의 모래와 같이 후손이 많을 것이며, 천하 만민이 복둥이 후손을 통해 복을 받게 된다니 가슴이 벅차구나.

이 말씀을 언약으로 붙잡고 할아버지와 할머니는 매일 아침과 저녁에 기도하고 있단다.

아침에는 교회에서 새벽기도를 통해서 하나님의 말씀을 듣고 기도하며, 저녁에는 성경 말씀을 읽고 기도한단다.

복둥아! 엄마와 아빠 결혼식 때 또 하나 부탁하며 기도했던 것은 하나님을 지극히 사랑하라는 것이었다. 하나님의 사랑은 너무나 커서 하늘을 두루마리 삼고 바다를 먹물 삼아도 다 기록할 수 없을 정도란다. 하나님을 경외하고 부모님을 공경하며, 형제자매와 이웃을 사랑하여 언약과 사랑의 노래가 후대에 전달되도록 하는 것이 하나님의 사랑을 실천하는 것이라고 기도했단다. 할아버지가 정말 기도를 잘했지?

앞으로 우리 복둥이가 할아버지의 팬이 될 줄 믿는다.

옆에 할머니께서 복둥이에게 편지를 잘 쓴다고 칭찬해 주셨다. 복둥이한테만 비밀로 말하는데, 사실은 할머니가 복둥이를 엄청 사랑하고 좋아한다고 하셨다. 틀림없이 복둥이도 할머니를 사랑하고 좋아하게 되리라 생각한다.

지금은 화창한 봄이고, 온 산과 들에 나뭇잎이 푸르러지는 신록의 계절이기도 하다.

할아버지가 가장 좋아하는 계절이기도 하지! 이렇게 좋은 계절에 우리 복둥이는 엄마 배 속에서 건강하게 잘 자라기를 바란다. 복둥이를 품고 있는 엄마를 위해서도 기도하고 있단다. 존귀하고 보배로운 우리 복둥이가 엄마의 태중에 있기 때문이란다. 할아버지와 할머니는 우리 하나님께서 복둥이를 잘 지켜주실 것을 믿고 있다.

 복둥아! 복둥이에게 할 말은 무진장 많으나 복둥이도 쉬어야 할 것 같아서 이만 줄이고자 한다. 다음에 또 편지할게. 안녕!

 2017년 5월 18일 신록의 계절 오월에
 복둥이를 사랑하는 할아버지가 부산 영도에서

편지 4. 100일 된 손자에게 보낸 편지

　백일을 맞이한 손자에게,

　작년 이맘때 네 엄마가 너를 잉태하여 축하 편지를 써 보냈는데, 꼭 1년이 되었구나. 태어나 백일을 기념해서 편지를 쓰게 되니 할아버지는 참 기쁘단다.

　구약성경 다니엘서 1장 4절에 보면 흠이 없고 용모가 아름다우며 모든 지혜를 통찰하며 지식에 통달하며 학문에 익숙한 사람들이 나오는데, 바로 다니엘과 세 친구인 사드락, 메삭, 아벳느고란다. 다니엘과 세 친구가 얼마나 뛰어났냐 하면, 다니엘서 1장 20절에 보면 '왕이 그들에게 모든 일을 묻는 중에 그 지혜와 총명이 온 바벨론 나라 박수와 술객보다 십 배나 나은 줄을 아니라'고 되어 있단다. 여기서 바벨론이란 나라는 오늘날 강대국 미국에 해당할 만큼 그 당시 세계를 움직이는 제국이었단다. 그 강대국 바벨론의 박수와 술객들은 오늘날 박사, 기술사들과 같은 최고의 전문가를 말하는데, 이들의 모든 지혜를 합친 것보다도 열 배나 뛰어났다고 했으니, 다니엘과 세 친구는 정말 뛰어난 인물들이었지. 이렇게 멋진 후대를 길렀던 부모와 할아버지, 할머니는 누구였을까, 그들의 선생님은 누구였을까? 이들에게 무엇을 어떻게 가르쳤는지 참으로 궁금했단다. 마침내 할아버지가 답을 찾았는데, 바로 신명기 6장 4절에서 9절의 말씀이었다.

"이스라엘아 들으라 우리 하나님 여호와는 오직 유일한 여호와이시니 너는 마음을 다하고 뜻을 다하고 힘을 다하여 네 하나님 여호와를 사랑하라 오늘 내가 네게 명하는 이 말씀을 너는 마음에 새기고 네 자녀에게 부지런히 가르치며 집에 앉았을 때에든지 길을 갈 때에든지 누워 있을 때에든지 일어날 때에든지 이 말씀을 강론할 것이며 너는 또 그것을 네 손목에 매어 기호를 삼으며 네 미간에 붙여 표로 삼고 또 네 집 문설주와 바깥문에 기록할지니라." 이 말씀대로 자녀를 가르쳤던 부모와 선생님들이었으면 충분히 다니엘과 세 친구와 같은 훌륭한 인물을 키웠으리라고 생각했단다.

손자 세현아! 할아버지가 이렇게 긴 이야기를 하는 이유는 지금 세현이 엄마 아빠뿐만 아니라 할아버지, 할머니, 교회 선생님들이 세현이를 위해 기도하고 축복하고 있다는 것을 말해주고 싶기 때문이다.

세현이 엄마 아빠와 앞으로 만날 교회 선생님들은 모두 복음을 깊이 이해하고 복음이 삶의 바탕이 되어 각인, 뿌리, 체질이 된 분들이란다. 이런 부모와 선생님들의 교육을 받고 자라게 될 세현이는 최고 정상의 자리, 즉 서밋에 오를 것이며, 장차 다니엘과 세 친구와 같이 한 나라의 총리로, 시대를 살리는 왕의 역할을 할 것으로 믿는다.
　이 할아버지가 세현이가 받은 축복 대표적인 것을 몇 가지를 생각해 봤단다.
　첫째는 영적인 축복이란다. 하나님의 자녀로서 신분과 권세를 가지고 누리는 축복이지. 세현이는 예수가 그리스도로 오셔서 인간의 근본적인 모든 문제를 해결한 구원 주라는 사실을 알게 되어, 복음 엘리트가 될 것이다.
　두 번째는 지적인 축복이란다. 앞으로 세현이는 다니엘과 세 친구같이 하나님에 대한 지식뿐만 아니라 하나님이 만드신 이 세상에 대한 지식에 통달하며 학문에 익숙하게 될 것이다. 하나님의 말씀은 살아있고 활력이 있어 좌우에 날선 어떤 검보다도 예리하여 혼과 영과 및 관절과 골수를 찔러 쪼개기까지 하며, 또 마음의 생각과 뜻을 판단한다고 했다. 이 말씀을 듣고, 읽고, 쓰고, 암송하는 것은 생애 최고의 축복이란 것을 나중에 알게 될 거다.
　하나님의 말씀인 성경과 성경을 믿는 많은 위인도 책을

통해서 만나게 될 것이다.

세 번째는 건강의 축복이란다.

체력의 중요성을 알고 있는 부모는 자녀의 건강에 최선을 다한단다. 엄마와 아빠는 세현이 건강에 최고의 선생님이란다. 엄마는 세현이 몸에 좋은 음식을 준비하고, 아빠는 몸으로 세현이와 놀게 될 거다. 팔에 매달리기도 하고 아빠와 씨름할 때도 곧 오게 될 것이다.

마지막으로 한 가지를 더하면 세현이는 왕의 축복을 받았다는 거란다. 창세기 1장 27절과 28절에 보면 인간은 하나님의 형상을 닮은 존재며, 유일성과 재창조의 능력을 지니고 태어났단다. 하나님은 원죄로 말미암아 하나님을 떠난 우리 인간을 구원하기 위해 인간의 몸으로 오셨단다. 그분이 바로 예수님이란다. 예수님은 십자가에서 죽은 후 3일 만에 부활하셨단다. 부활 후 이 땅에서 40일 동안 증거로 보이시다가 하늘로 올라가 하나님 우편 보좌에 앉으셨지. 예수님을 구주로 믿는 모든 사람에게 보혜사 성령님을 보내주셔서 하나님의 형상을 회복시킨 것이다. 우리들은 왕 같은 제사장들이요, 거룩한 나라요, 택하신 족속으로 최고의 축복을 받은 사람들이다. 하나님이 왕이시니 세현이는 당연히 왕자가 되는 셈이지.

매일 밤 잠자기 전에 엄마가 성경을 읽어주시고, 성경

이야기를 해주실 텐데, 잘 듣기 바라고, 아빠 엄마께 항상 감사하길 바란다. '책을 읽어주셔서 고맙습니다. 내게 성경 이야기를 해 주셔서 고맙습니다. 나를 사랑해 주셔서 고맙습니다. 이렇게 멋지게 키워주셔서 고맙습니다.' 하고 말이다. 탄생 백일을 축하하며, 항상 기뻐하고 즐거이 기도하며 범사에 감사하면서 자라기를 기도하마.

2018년 5월 9일 부산에서 할아버지가

편지 5. 며느리에게 보내는 편지

 하나님이 짝지어주신 남편과 함께 그리스도 안에서 복음 왕가의 시작을 이루었으니 참으로 하나님께 감사하단다. 무엇보다도 너의 착하고 구김살 없는 마음과 복음 가진 신앙심이 우리를 감동하게 했단다. 네가 먼저 우리 가문의 문화를 알려고 하고, '우리 가족은 이렇게 한단다.'라고 한번 알려주면 지키려고 애쓰는 예쁜 마음도 참 기특하고 고맙다. 우리 가족 문화와 너희 친정 문화는 닮은 점도 있고 다른 점도 있을 것이다. 좋은 점은 택하고 부족한 점은 보완하며, 새로운 콘텐츠도 개발해서 복음 왕가의 문화를 함께 가꾸어 가자꾸나. 그리스도 안에서 너희 둘만의 새로운 가정을 이루었으니 새로운 가문의 시작이라고 생각하고, 가정의 언약도 둘이서 세워보렴.
 상견례가 있던 날이 생각나는구나. 딸이 성격이 좋아

서 같이 입사했던 간호사들이 모두 퇴사했는데도 불구하고 혼자 남아서 10년 이상 근무 할 수 있었다고 네 아버지께서 말씀하셨을 때 가슴이 뭉클했단다. 극한 직업에 속한 간호사로 장기 근무할 수 있었던 것은 너의 성실함의 덕택이라고 생각한다. 참으로 대견스럽고 자랑스럽다. 겉으로는 날씬해서 약해 보이지만 무엇이든 잘 먹어 건강하고, 항상 웃음이 떠나지 않고 매사에 긍정적인 네 모습 또한 아름답고도 좋구나. 네 남편은 보기엔 체구가 있어 건강해 보이지만 실상 건강 체질이 아니란다. 간호 전문가인 너를 하나님이 배필로 짝지어주신 것은 하나님의 은혜란다.

 네 남편은 어릴 때 자주 다치고 잔잔한 사고도 치고 해서 부모의 속을 좀 썩여 온 편이다. 점점 자라면서 효자가 되어가더구나. 네 남편한테 감동받은 거 한 가지 알려줄게. 대학교 2학년 때, 경제학 전공 공부를 시작하고 2학기 가을쯤이었을거야. 전 세계 20억이 넘는 인구가 굶어 죽어가고 있다고 하면서, 밤잠을 이루지 못한 적이 있더구나. 경제학을 공부하다 보니까 알게 된 거라 생각된다. 며칠 밤을 고민하다가 본인이 할 수 있는 작은 일이라도 하자 하여 아프리카에 사는 어린아이한테 후원금을 보낸다고 했단다. 지금도 보내고 있는지는 모르겠으나 그때

나는 네 남편이 참 따뜻한 성품을 갖고 있다는 걸 알게 되었단다. 그해 말 방학 때 미국에 살고 있는 이모 댁에 한 달간 여행을 다녀온 적이 있다.

　매일 아침 이모와 다락방을 하고, 컬럼비아 대학교 다니던 사촌 누나와 같이 대학 탐방도 하며 놀다가 돌아왔단다. 갈 때와는 달리 돌아올 때는 완전히 다른 모습이었다. 마치 독일의 문호 괴테가 이태리 여행을 다녀온 후 인생이 달라지듯이 말이다. 18세기 후반에 독일에서 일어난 문학운동으로 '슈트름 운트 드랑'(Sturm und Drang)이 있다. '질풍노도'라는 뜻인데, 거친 청년 시기처럼 폭풍과도 같은 열광적인 문학운동으로 후대의 문학운동에 큰 영향을 끼쳤지. 그 시대를 이끌던 청년 괴테가 이태리 여행을 다녀온 후 고전주의 문학으로 노선을 바꾸었단다. 로마의 고전 문화에 영향을 받은 셈이지. 너희 남편도 미국을 다녀온 후 인생의 전환점을 맞이하는 계기가 되었단다. 그 이후 오직 공부에 몰입하더니 현재 금융공기업에 취업해서 너를 만나게 되었다. 앞으로 전 세계 선교를 위한 기업을 일으켜 선교에 헌신코자 한다는구나.

　옛날 명문가에서는 시아버지가 며느리에게 논어를 가르치고 가훈을 가르쳤다고 하더구나. 나도 옛날 사람처럼 논어를 가르치고 가훈을 가르치면 소위 꼰대라고 하겠지. 이왕 펜을 들었으니 시아버지로서 몇 가지 권면을 하도록 할게. 용서하고 들어주렴. 먼저 가정의 언약 즉 가훈을 세우면 좋겠다. 적어도 천년의 응답을 받을 수 있는 언약이란다.

가정의 언약은 예배를 통해 다져진단다. 결혼하면 네가 가정예배를 드리겠다고 했던 말이 기억나는데, 참 기특한 생각이다. 공식적인 예배뿐만 아니라 가정예배를 드릴 때 영적인 힘이 생기고 언약이 성취된다는 것을 잘 알고 있으리라 믿는다. 예배를 통해 보좌의 축복을 누리며 복음 왕가를 이루어가길 기도할게. 이럴 때 건강의 축복도 따라오리라 믿는다. 영적 건강뿐만 아니라 육신적인 건강도 규칙적인 예배 생활 속에서 이루어진단다. 생명을 유지하는 두 길이 기도와 호흡이라고 하는데, 깊은 기도, 깊은 호흡에 한 가지 더 추가하여 가정에서 깊은 음식도 잘 챙기기 바란다.

두 번째는 사람들을 존중하는 삶을 살도록 하렴. 사람은 하나님의 형상대로 지음받았기 때문이다. 특별히 부모님과 교회 목사님, 학교 선생님은 존중을 넘어 존경하길 바란다. 자녀들이 잘되는 지름길이기도 하다. 이럴 때 자녀들이 하나님이 주시는 지혜와 따뜻한 가슴을 가진 겸손한 자가 되어 미래의 리더가 될 수 있단다.

마지막으로 후대를 통해 정확한 복음이 전달되는 복음왕가를 이루기를 기도한다.

땅끝까지 복음을 전하라는 예수님의 명령에 따라 복음을 전달하는 가장 확실한 방법은 후대를 통해서란다. 아브라함으로부터 이삭과 야곱, 유다와 요셉 등으로 이어지는 언약의 계보를 잘 알 것이다. 그 후손이 12지파를 이루었고, 오늘날 이스라엘이라는 나라가 세워졌다.

우리는 확실한 복음을 갖고 있는 언약의 백성이다. 아이를 낳으면 나와 아내는 손자, 손녀를 키우는데 도와줄 것이다. 예수님이 재림하는 그날까지 후대에게 복음이 전달되는 복음왕가를 이루도록 같이 기도하며 이루어가자.

2022년 6월 25일 시아버지로부터

편지 6. 태중에 손자 믿음이에게 보내는 편지

믿음아, 반갑다!

지난주일 5월 12일, 어버이 주일에 부산에 살고 있는 할아버지와 할머니가 대구에 가서 믿음이와 믿음이 엄마, 아빠를 만났고 같이 예배를 드렸단다. 믿음이 아빠와 엄마랑 믿음이를 위해 기도도 하고 포럼도 했는데, 특별히 믿음이가 많은 사람을 옳은 데로 돌아오게 하는, 시대를 살리는 지도자가 되어 별과 같이 빛나기를 집중기도 하고 포럼했단다.

부산에 돌아와서 믿음이를 위해 기도하다가 옛날 한국전쟁 때 유엔 총사령관으로 부임하여 우리나라를 위기에서 구해 준 맥아더 장군이 남긴 기도문이 생각이 났단다. 우리 믿음이를 위해 할아버지가 각색해서 보내니 아빠가 읽어주실 거란다. 엄마와 같이 기도하기 바란다.

"하나님 아버지!

내 손자 믿음이로 하여금 하나님을 이 세상에 누구보다 더욱 사랑하게 하옵소서.

내 손자 믿음이가 살아가면서 혹시 연약할 때 그 사실을 알 만큼 강하고 두려울 때 자신을 잃지 않을 만큼 담대한 사람이 되게 하여 주옵소서, 또한 내 손자 믿음이가 실패를 하더라도 정직하게 인정하면서도 자부심이 있고 뜻을 굽히지 않고 도전하게 하옵시고, 성공을 하더라도 겸허하고 정중한 사람이 되게 하여 주옵소서.

내 손자 믿음이로 하여금 생각하기도 전에 행동을 먼저 고집하지 말게 하여 주옵시고, 그리스도와 하나님을 참으로 알고 자기 스스로를 아는 것이 지식의 초석이란 사실을 알게 하여 주옵소서.

기도하옵건대 내 손자 믿음이로 하여금 사람을 살리고 시대와 후대를 살리는 길로 가게 하옵소서. 길을 가다가 어떤 어려운 일이라도 당당히 대항해 나아갈 수 있는 용기를 주옵시고, 폭풍 속에서도 용감히 맞서는 법을 배우게 하여 주옵소서. 이때에도 약한 자에게는 관용을 베풀 줄 아는 법도 배우게 하여 주옵소서.

내 손자 믿음이로 하여금 그리스도로 충만하사 깨끗한 영혼과 맑은 마음, 높은 이상을 갖게 하여 주옵시고, 남을 다스리기에 앞서 자기 스스로를 다스릴 줄 아는 사람, 미래를 향해 나아가면서도 결코 과거를 잊지 않는 사람이 되게 하여 주옵소서.

믿음이가 이 모든 사실을 갖춘 연후에도 기도하옵건대 유머를 이해하는 마음을 더하여 주시어서 늘 심각하면서도 자기 스스로의 문제를 너무 심각하게 생각하지 말게 하여 주옵소서 또한 겸손한 마음을 갖게 하여 주시어서 위대한 사람이 갖는 소박함과 참된 지혜자에게서 나오는 열린 마음과 진정한 강자만이 소유하고 있는 온유함을 항상 기억하게 하여 주옵소서. 예수님의 이름으로 기도합니다. 아멘."

반드시 이 기도가 응답될 것으로 믿는다.

부산에서 할아버지와 할머니가 항상 믿음이를 위해서 기도하고 있는데. 기도할 수 있는 손자 믿음이가 있어서 참으로 행복하단다. 우리 가문에 대를 이어받아 복음 왕가의 주역이 될 믿음아!

믿음이 아빠와 엄마한테도 늘 다음과 같은 하나님의 말씀을 들려주며 복음 왕가의 축복에 감사하고 있단다. 하나님이 아브라함에게 주신 말씀이란다.

"내가 네게 큰 복을 주고 네 씨가 크게 번성하여 하늘의 별과 같고 바닷가의 모래와 같게 하리니 네 씨가 그 대적의 성문을 차지하리라. 또 네 씨로 말미암아 천하 만민이 복을 받으리라"

이 말씀과 함께 이사야서 42장 6절의 말씀도 우리 가문의 언약으로 기도하고 있단다. 우리 믿음이도 같이 기도해 줄 것으로 믿는다.

"나 여호와가 의로 너를 불렀은즉 내가 네 손을 잡아 너를 보호하며 너를 세워 백성의 언약과 이방의 빛이 되게 하리니." 우리 가문은 이방의 빛이 될 가문이란다.

사랑하는 믿음아, 하나님의 사랑과 축복 속에 태어나 한 평생 하나님과 동행하다가 후대까지 이 언약을 전달해 줄 것으로 믿는다.

마지막으로 믿음이를 위해 모든 것을 주고 싶어 하고 모든 일을 다 하는 믿음이 엄마와 아빠에게 믿음이도 항상 감사하기를 바란단다. 그럼 또 만날 때까지 안녕.

2024년 5월 17일 부산에서
믿음이를 사랑하는 할아버지가 씀